Martina Brandl
PRIMA, FEIN GEMACHT!

MARTINA BRANDL

PRIMA, FEIN GEMACHT!

Geschichten, Kolumnen und rätselhafte Interviews

SATYR VERLAG

Die Hunde-Kolumnen in diesem Buch erschienen erstmalig in *Das Magazin*, die Interviews mit unmöglichen Gesprächspartnern in der Wochenendbeilage der *Frankfurter Rundschau FR7*. Für die Buchveröffentlichung wurden sie von der Autorin überarbeitet. Die Autorin dankt herzlich den Redaktionen von *Das Magazin* und der *FR7*.

1. Auflage September 2024

© Satyr Verlag Volker Surmann, Berlin 2024
www.satyr-verlag.de

Grafik: Katja Weikenmeier, Köln
Korrektorat: Matthias Höhne
Foto der Autorin Innenklappe: Olli Haas
Druck und Bindung: Dardedze Holografija, Riga
Printed in EU

Die Deutsche Nationalbibliothek verzeichnet diese Publikation in der Deutschen Nationalbibliografie; detaillierte bibliografische Daten sind im Internet abrufbar über: http://dnb.d-nb.de

Die Marke »Satyr Verlag« ist eingetragen auf den Verlagsgründer Peter Maassen.

ISBN: 978-3-910775-20-6

Inhalt

Gute Unterhosen

Habt ihr auch verschiedene Unterhosen? Ich hab Unterhosen für gut und welche für zu Hause. Wieso macht man das? Du hast ja auch nicht einen Partner, der zwickt und ist hässlich, und dann sagst du: »Für zu Hause geht der noch. Wenn ich ausgeh, nehm ich den schicken mit.«

Eigentlich stimmt das auch nicht. Ich hab nicht nur zwei Sorten von Unterhosen. Es gibt viel mehr Abstufungen:

Ich hab welche für richtig gut – also die passen, sind bequem und sehen super aus. Davon hab ich drei. Dann hab ich ungefähr fünfzehn, die vom Aussehen her okay sind, aber nicht so richtig bequem. Wo der Beinausschnitt so 'n bisschen eng ist. Jetzt nicht schlimm genug, dass man die wegwerfen müsste, aber es reibt halt den ganzen Tag. Das sind die Unterhosen, wo du dreißig Mal am Tag aufs Klo gehst, weil du dich so freust, dass du mal kurz die Unterhose runterziehen kannst.

Habt ihr mal Männerunterhosen getragen? Boah, dieser Rand! So weich, so rund, so kuschelig und in der Mitte ist richtig viel Platz. Ich frage mich, für wen Wäschehersteller ihre Frauenunterhosen designen? Für Barbie, bei der im Schritt zwischen den kontaktlosen Oberschenkeln nichts als ein gerades Stück Plastik hängt? Es ist doch nicht so, dass wir Frauen nichts zwischen den Beinen haben. Die im wahrsten Sinne des Wortes unbequeme Wahrheit ist: Auch wir haben ein teilweise raumgreifendes Päckchen zu tragen. Und das wird den ganzen Tag plattgedrückt. Falls das jemand liest von Triumph, Sloggi, Mey, Schiessermichtot: Warum designt ihr Frauenslips mit hartem, ribbeligem Zackelrand? Warum? Das tut weh! Diese Hosen haben am Bein einen vierfach genähten Gummibandrand, der so fest ist, dass man damit das Großsegel an der Gorch Fock hochziehen könnte. Aber der darf sich unter der Kleidung nicht abzeichnen. Deswegen musst du drüber, also über dem einschneidenden Zackelrand und unter der Oberbekleidung, noch Shapewear, also Formkleidung tragen, weil: »Dein Körper ist nicht gut genug. Wir müssen ihn formen!« Und warum? Damit sich nichts abzeichnet! Warum? Dürfen Männer nicht wissen, dass Frauen Unterhosen tragen? Ist das ein Geheimnis? Ist das ein Flirtkiller, wenn der Mann durch die Kleidung durch sieht: »Oaaah ... die Drecksau trägt ja 'ne Unterhose! Widerlich!« Ja? Echt? Dann möcht ich mal sehen, wie erotisch dieser Mann das findet, wenn ein laues Lüftchen das leichte Sommerkleidchen hochweht und drunter der hautfarbene Popostrumpf zum Vorschein kommt. Männer: Ich verrat euch jetzt was. Wenn frau mal 'ne bequeme Unterhose gefunden hat, dann lässt sie die nie wieder los. Manche von meinen Unterhosen sind so alt, da kannst du Zeitung durch lesen. Und die losen Gummifäden hängen an den Rändern raus wie chinesische Glasnudeln. Die zieh ich an, wenn ich weiß, dass ich an dem Tag auf gar keinen Fall mehr das Haus verlassen werde. Wenn ich an so einem Tag einen Schlaganfall kriege und ins Krankenhaus muss, sterbe ich wahrscheinlich vor Scham.

Es gibt aber noch eine schlimmere Sorte. Ich nenne sie die Terrorslips: Die sind megaschick, brandneu und waren superteuer. Die sind nicht für den Alltag. Die hol ich raus, wenn ich Luxus auf der Haut spüren und mich wie eine Gewinnerin fühlen möchte. Dann streif ich die über und wenn ich die zehn Meter vom Schlafzimmer bis ins Bad gelaufen bin, hat dieser enge, einschneidende Rand am Beinloch und am Bauch schon so tiefe rote Furchen hinterlassen, dass ich sie hektisch wieder runterrolle. Weil ich die gekauft hab, als ich fünf Kilo leichter war und dachte: »Ich nehm ja noch ab.« Das ist ein Tag, der mit Scheitern beginnt. Das wird kein guter Tag. Ich meine, nicht mal die Unterhosen passen noch! Wie soll ich jemals mein Leben auf die Reihe kriegen, wenn ich's nicht mal schaffe, die passende Unterhose auszuwählen? Wie komm ich denn darauf, dass die mir hätte passen können? Sehe ich nicht, wie ich aussehe? Bin ich überhaupt in der Lage, irgendetwas realistisch einzuschätzen? Wie kann ich daran denken, ein zweistündiges Kabarettprogramm zu schreiben, eine Tour zu planen, einen neuen Dreihundert-Seiten-Roman zu schreiben, wenn ich nicht mal die richtige Unterhose auswählen kann? Und was noch schlimmer ist: Wird diese Unterhose, diese neue, wunderbare, ungetragene Unterhose mir jemals passen? Oder werde ich sie am Ende meines Lebens wegwerfen als endgültiges Zeugnis meines Scheiterns? Ich hasse diese Unterhose. Und ich hebe sie sorgsam vom Boden auf, leg sie wieder ordentlich zusammen und bette sie vorsichtig in die hinterste Ecke vom Schrank. Ich bewahre sie auf. Sie ist zwar unbequem, aber schließlich neu.

Was ich auch nicht wegwerfen kann, sind die Unterhosen, die beides sind: unbequem und alt. Schon hör ich euch fragen: »Warum denn nicht? Die sind doch unbequem und alt?« Ja, aber die haben kein Loch. Also darf ich sie auch nicht wegwerfen. Die zieh ich als Bestrafung an. Wenn ich verkatert aufwache. Wenn der Alkohol und die Drogen meine ganzen Endorphine verbraucht haben, der Rausch vorbei ist und ich morgens in den Schrank gucke, und als Erstes sehe ich ganz hinten im Schrank die Terrorslips, die mich verachten. Weil ich ein schlechter Mensch bin. Undiszipliniert und selbstzerstörerisch. Ich habe keine bessere Unterhose verdient. Der Tag ist eh im Eimer, da kann ich auch die unbequeme Unterhose auftragen. Irgendwann muss es ja mal sein, oder? Sonst geht die doch nie kaputt!

Wieso macht man das? Wieso gönnt man sich nicht immer eine gute, bequeme, schöne Unterhose, jeden Tag? Sollte man den Spruch »Lebe jeden Tag so, als wär er dein letzter« nicht umwandeln? Ja, liebe Leser*innen, das ist meine Botschaft an euch: »Zieht jeden Tag 'ne Unterhose an, als wär es eure letzte!«

Ganz bestimmt wäre das das Erste, das ich bereute, läge ich halb tot im Straßengraben in einem brennenden Autowrack: Wieso hab ich an meinem letzten Tag auf Erden diese scheißunbequeme Unterhose angezogen? Und, was fast noch wichtiger ist: Was soll der Notarzt von mir denken?

Himbeerstecher oder
der Stachel im Fleisch des Kunden

Als ich an diesem herrlichen Frühsommertag in der Gärtnerei stehe, weiß ich wieder, wieso mich Verkäufer oft an Spielautomaten erinnern, die in dunklen Eckkneipen an der Wand hängen. Man wirft Geld ein und glaubt, durch das Drücken der Stopp-Taste die Abfolge von Zahlen und Obstbildern beeinflussen zu können. In Wahrheit spulen diese Automaten einfach ihr Programm ab.

»Irgendein böses Insekt frisst an meinen Rosen die Knospen ab«, sage ich, »vielleicht der sogenannte Himbeerstecher.«

Der Gärtnereifachverkäufer antwortet: »Das kann nicht sein. Himbeerstecher gehen nur an Himbeeren.«

Zaghaft wende ich ein: »Im Internet steht, die gibt's auch bei Rosen.«

»Die gehen nur an Himbeeren«, wiederholt er.

Ich lasse das so stehen, weil ich nicht an seiner Fachverkäuferehre kratzen will. Er lässt es auch so stehen und schweigt. Damit es irgendwie weitergeht, sage ich: »Vielleicht ist es ja auch ein anderer Käfer. Ich hab mal einen hellgrünen gesehen.«

»Himbeerstecher sind schwarz«, sagt er.

»Ich weiß. Irgendwas knipst jedenfalls meine Rosenknospen ab. Kann ich was dagegen tun?«

»Klar«, antwortet er prompt und stellt eine Flasche Himbeerstecher-Tod auf den Tresen. Hier hätte das Verkaufsge-spräch eigentlich enden sollen.

Aber er kann es nicht gut sein lassen und ruft nach hinten: »Elli, hast du schon mal was von Himbeerstechern an Rosen gehört?«

»Die gehen doch nur an Himbeeren!«, schreit Elli zurück. »Sind so kleine schwarze Käfer mit Rüssel!«

»Ihrer war hellgrün!«, brüllt er.

Ein etwa zehnjähriges Kind betritt den Laden und sagt: »Der Himbeerstecher ist aber schwarz.«

»Ich weiß«, antworte ich.

Nun holt der Verkäufer einen Fresszettel aus der Schubla-de und zeichnet die Umrisse eines kleinen Käfers mit Rüssel. Dann füllt er die Umrisse schwarz aus und triumphiert: »So sieht der Himbeerstecher aus!«

»Weiß ich doch«, jammere ich, »mir ist auch egal, wer meine Rosen ruiniert. Ich will es einfach nur töten. Hilft denn dieses Mittel nur gegen Himbeerstecher?«

»Nein«, sagt er lapidar, »das können Sie gegen alle Schäd-linge einsetzen.«

Wortlos kaufe ich die Flasche und ziehe weiter ins Sportge-schäft, um einen Heimtrainer zu kaufen. Der junge Mann preist ein Modell mit Pulsmesser an. Ich sag: »Ich brauch keinen Pulsmesser.« Der sei aber essenziell für ein effektives Training, belehrt er mich. »Wissen Sie, ich seh hier jeden Tag Leute reinkommen, die einen Heimtrainer kaufen, weil sie ein paar Kilos loswerden möchten. Nach acht Wochen kom-men die wieder und sind total enttäuscht. Weil sie nicht im richtigen Pulsbereich trainieren.«

»Wissen Sie«, gebe ich zurück, »ich sehe jeden Tag Leute,

die einfach zu viel essen. Da nützt das Pulsmessen wenig. Um die Sache abzukürzen: Ich will nicht abnehmen. Ich will keinen Pulsmesser.«

Danach zeigt er mir noch vier Geräte, nicht ohne bei jedem einzelnen lobend hervorzuheben, dass es einen Pulsmesser hat. Ich ertappe mich dabei, mit den Augen zu rollen. Er zischt: »Ich weiß, Sie wollen das nicht, aber das ist halt ein Qualitätsmerkmal.«

Wenn sie nicht weiterwissen, verwenden Verkäufer gern absurde Argumente und ich argumentiere dann sinnfrei zurück. So sagte neulich eine Drogistin zu mir: »Sie haben ja eine ganz empfindliche Haut.«

»Nö, gar nicht«, erwiderte ich und sie konterte: »Wissen Sie, ich bin Kosmetikerin.«

»Wissen Sie, ich bin Komikerin und frühstücke jeden Morgen einen Clown«, gab ich zurück. »Da hätten Sie auch Ausschlag.«

Anscheinend lernen Verkäufer in der Berufsschule: »Egal, was der Kunde sagt: Widersprich!« Besonders häufig erlebe ich das in Schuhgeschäften:

»Und? Passen die Schuhe?«

»Ja, aber die sind mir vorn zu spitz.«

»Die sind aber nicht sehr spitz.«

»Also, ich finde die ziemlich spitz.«

»Die sind nicht spitz.«

»Schön, aber sie sind unbequem.«

»Die werden aber viel verkauft.«

Ich gebe auf und gehe zum Bioladen, weil ich dringend einen Schokoriegel brauche. Drinnen fällt mir ein, dass meine Ärztin mir geraten hat, mal fruktosemäßig etwas kürzer zu treten. Und Fruktose ist auch in ganz normalem Haushaltszucker. Eigentlich fast überall. Außer in Reissirup. Den gibt es hier flüssig und als Pulver. Ich frage die Bioladenfrau: »Was is denn da der Unterschied?«

»Keine Ahnung«, antwortet sie emotionslos. Sie schaut abwechselnd auf die Plastikflasche und den Pappbehälter und sagt: »Das eine ist flüssig, das andere ein Pulver, würd ich sagen. Ich kenn mich nicht aus mit dem Biozeugs.«

»Das is doch mal 'ne Antwort!«, denke ich und kaufe zweimal zehn Stück.

Raketenstart

Jetzt schläft sie. Ich versuche, zu schreiben, solange sie schläft. Nein, ich habe kein Baby. Ich habe eine Welpin. Seitdem formuliere ich meine Sätze kurz. Sie kann jeden Moment aufwachen. Und dann muss ich schnell sein. Ihr neuer Name ist »Kacky Luke«. Sie scheißt schneller als ihr Schatten. Im Internet steht: »Sehr schnell werden Sie die kleinen Zeichen erkennen«, und dann müsse man nur rechtzeitig mit ihr rausgehen. Sie macht keine Zeichen. Sie pinkelt en passant. Nach dem Fressen, nach dem Saufen, nach dem Spielen, nach dem Aufwachen und wenn sie unruhig wird, gehe ich mit ihr raus. Dann springt sie eine Weile fröhlich umher und versucht, sich im Garten mit der Nase nach Australien durchzugraben. Das kann sie stundenlang. Besonders nachts und bei Graupelschauer macht das besonders viel Spaß. Wenn die Leine an meinen blaugefrorenen Fingern festgefroren ist, gehen wir wieder rein. Während ich die Finger zum Auftauen in die Hosentasche stecke, rennt sie zu ihrer Schmusedecke und pinkelt schön in die Mitte. Mein Hund hat jetzt keine Schmusedecke mehr.

Im Internet steht: »Laufen Sie Ihrem Welpen nicht ständig hinterher. Das würde die Mutterhündin auch nicht tun.« Und dann steht da noch: »Beobachten Sie Ihren Welpen genau, um die kleinen Anzeichen zu registrieren.« Ich sitze also reglos auf dem Stuhl und versuche, während ich Zeitung lese, den Hund mit einem kleinen Taschenspiegel, den ich mir auf die Brille montiert habe, zu beobachten. Sie kackt im toten Winkel. Im Internet steht, man müsse den so befleckten Boden unbedingt mit Essigreiniger putzen, weil der Hund wegen des Geruchs da sonst immer wieder hinmacht. Mein Hund liebt die Abwechslung. Er bedenkt alle Stellen in der Wohnung gleichermaßen. Nachdem der Kassierer im Supermarkt gesagt hat, meine Menge an Papierküchentüchern übersteige die erlaubte Abgabe an Personenhaushalte, steht jetzt in jedem Zimmer ein Wischmopp.

Gestern waren wir bei der Tierärztin. Im Wartezimmer las ich wieder Erziehungstipps im Internet nach: »Nehmen Sie ein Leckerli, führen Sie es langsam dicht über den Kopf ihres Welpen und sagen Sie: ›Sitz‹. Er wird es mit den Augen verfolgen und sich dann setzen. Stehen Sie dabei unbedingt aufrecht. Hunde werten es als Bedrohung, wenn man sich über sie beugt. Wenn sich Ihr Welpe nicht setzt, halten Sie das Leckerli etwas tiefer über seinen Kopf.«

Mein Welpe reicht mir gerade so über den Knöchel. Ich fürchte, ich werde mir 1,50 Meter lange Arme wachsen lassen müssen. Besser noch wären bodenlange Arme. Dann könnte ich mit ihr spielen, ohne mich bücken oder mit den morschen Knien auf dem Boden rumrobben zu müssen.

Ein Freund von mir antwortete auf meine Ankündigung, mir einen Hund anschaffen zu wollen: »Du bist alt. Hol dir 'ne Katze.« Vielleicht hatte er recht. Ein anderer erwiderte entgeistert: »Warum?« Und es gab in den vierzehn Tagen, seit Rocket bei uns eingezogen ist, dreimal siebenundsiebzig Momente, in denen ich mich dasselbe gefragt habe. Sie stinkt, sie kackt, sie pisst, ich habe seit zwei Wochen nicht mehr durchgeschlafen und ich muss ihr meinen kompletten

Alltag unterordnen. Im Internet steht: »Der Welpe ist wie ein Baby.« Ein Baby hält dich auch nachts wach, aber es kackt in der warmen Stube in Windeln und du liebst es, sobald es da ist, weil es in dir gewachsen ist.

Ich hatte nicht sofort Milcheinschuss. Ich musste mich erst an sie gewöhnen. An dieses fremde, fellige Wesen, das plötzlich vierundzwanzig Stunden bei mir sein will. Denn sie hat sich sofort an mich gewöhnt. Hat nicht geweint, als sie ihr Zuhause verlassen musste, legte sich in meinen Arm und hat meine Hand abgeleckt. Seit sie bei mir ist, bin ich ihr mit meinen achtzig Kilo dreimal auf ihre winzige Pfote getreten. Sie hat mir das nicht übel genommen.

Fünf Kilo mehr, nämlich fünfundachtzig Kilo wog der irische Wolfshund, der jetzt das Wartezimmer der Tierarztpraxis betrat. Irgendwo hing da auch ein Frauchen dran, aber sie war so gut wie unsichtbar hinter dem ponygroßen grauen Fabelwesen, das quasi den ganzen Platz in dem kleinen Wartezimmer einnahm. Ich nahm Rocket sicherheitshalber auf den Schoß, als sein kalbskopfgroßer Schädel sich mir auf Augenhöhe näherte. Er schnüffelte ein bisschen und sie saß seelenruhig da. Sie fühlte sich sicher auf meinem Schoß. Früher hatte ich große Angst vor Hunden. Irische Wolfshunde sind die größten Hunde der Welt. Die Dinge ändern sich. Das ist etwas Gutes. Obwohl ich schon so viel gelebt habe, wird jetzt vieles anders. Etwas Neues beginnt. Bislang kann ich drei Dinge mit Sicherheit sagen: Erstens: Wir tun uns gut, Rocket und ich. Zweitens: Man gewöhnt sich an alles. Drittens: Scheiß aufs Internet.

Interview mit einer Schwarzkiefer

BRANDL: Vielen Dank, dass Sie sich die Zeit genommen haben, mit uns zu sprechen.

SCHWARZKIEFER: Keine Ursache. Ich bin eigentlich ganz dankbar für 'ne Abwechslung.

BRANDL: Ja, so richtig viel los ist hier nicht.

SCHWARZKIEFER: Och, die Bank hinter mir wird schon viel frequentiert. Hauptsächlich von jungen Liebespaaren. Aber die reden nicht viel, sind mit Knutschen beschäftigt. Das macht es ein bisschen langweilig.

BRANDL: Was würden Sie sich denn von Ihrem Standort wünschen?

SCHWARZKIEFER *(zieht ein wenig die Nadeln zusammen)*: Na ja, in der Baumschule hat man mir erzählt, ein Standort mit Bank wär sozusagen der Jackpot. Dort würden sich Menschen treffen, lachen, singen und um den Stamm tanzen.

BRANDL: Also, das mit dem Um-den-Stamm-Tanzen ist schon ziemlich lange her. Heutzutage werden Bäume eher umstrickt.

SCHWARZKIEFER: Umstrickt?

BRANDL: Ja, in manchen Gegenden stricken die Menschen bunte Lappen und wickeln die dann um die Stämme.

SCHWARZKIEFER *(rauscht empört)*: Ich dachte, so was macht nur der Eichenprozessionsspinner. Mir hat man gesagt, Menschen würden sich auf Bänke setzen, um zu reden.

BRANDL: Das stimmt auch. Zumindest bei älteren Herrschaften.

SCHWARZKIEFER: Tja, hier kommen nur junge Leute her. Und wenn es mal ältere sind, kommen sie allein und gucken aufs Handy.

BRANDL: Was ist denn mit Vögeln? Erzählen die nichts Interessantes?

SCHWARZKIEFER: Haben Sie schon mal den Begriff »Spatzenhirn« gehört? Es gibt nichts Eintönigeres als Vogelgespräche. Entweder sie schreien den ganzen Tag: »Sieh her! Ich bin's!« oder: »Hau ab! Mein Revier!« Immerhin singen sie schön. Viel schlimmer sind diese hektischen Eichhörnchen. Das sind mal richtig hohle Nüsse.

BRANDL: Vielleicht wird es ja noch besser. Sie sind ja ganz frisch eingepflanzt.

SCHWARZKIEFER: Das will ich hoffen. Wenn alles glattgeht, hab ich noch achthundert Jahre vor mir. Bei meiner Vorgängerin lief es ja nicht so gut.

BRANDL: Sie sprechen von der Fichte, die vorher hier stand?

SCHWARZKIEFER: Ja. Hat hier auf der Anhöhe vierzig Jahre gestanden, bei Wind und Wetter. An Weihnachten wurde sie mit Lichterketten geschmückt und die Leute haben sich jedes Silvester um sie versammelt und sich zugeprostet. Und dann ist sie innerhalb von zwei Jahren vertrocknet und wurde abgehackt. Ohne Abschied, ohne letzten Gruß. *(Schüttelt fröstelnd die Äste.)*

BRANDL: Immerhin hat eine Bürgerin 1.500 Euro ausgegeben, um einen neuen Baum zu stiften. Das muss Sie doch ein bisschen stolz machen?

SCHWARZKIEFER: Schon, aber der Druck ist enorm. Ein junger Baum wie ich braucht knapp 200 Liter Wasser pro Woche, um gut anzuwachsen, und es hat schon seit drei Wochen nicht geregnet. Ich bemühe mich, so gut ich kann, meine Pfahlwurzeln unter Hockdruck nach unten zu schieben, aber mehr als wachsen kann ich nicht.

BRANDL: Na, dann wünsche ich Ihnen, dass der Klimawandel nicht schneller voranschreitet als Ihre Verwurzelung.

SCHWARZKIEFER: Danke. Heute kamen zwei Leute mit Wassereimern. Die haben mir gut zugeredet. Das war schön.

BRANDL: Was wünschen Sie sich für die Zukunft?

SCHWARZKIEFER: Ach, eigentlich möchte ich nur hier stehen und nach oben wachsen. Und dass keiner kommt und mir einen Lappen Wolle umbindet.

Mongolische Ente

Heute war ich in einem mongolischen Restaurant. Auf der Speisekarte stand als Vorspeise »Knusprige Entenhaut von der Pekingente mit Pfannkuchen und Soße«. Zwar habe ich mich gewundert, dass dort eine Spezialität angeboten wurde, die man andernorts vierundzwanzig Stunden vorher bestellen muss, aber ich war neugierig und mir tropfte der Zahn bei der Vorstellung von knuspriger Haut in hauchdünnen weichen Pfannkuchen mit Frühlingszwiebeln und Hoisinsoße. Die 18 Euro wären gut angelegt in einem kulinarischen Genuss, den man nicht alle Tage bekommt, dachte ich. Alsbald brachte der Kellner einen Teller mit aufgeschnittenem Entenfleisch. Es unterschied sich in nichts von der »Knusprigen Ente«, die meine Begleitung bestellt hatte, außer dass es kalt war und eine Handvoll Krabbenchips danebenlag. Hätte das Gericht »Kaltes Entenfleisch mit Krabbenchips« geheißen, hätte ich mich nicht beschwert, aber auch keine 18 Euro dafür bezahlt. Ich suchte nach einer Erklärung dafür, wie man etwas so Spezielles auf die Karte setzen und dann einfach irgendwas anderes servieren konnte, und malte mir alle möglichen Szenarien aus:

Wie der Wirt zum Koch sagt: »Setz Pekingente auf die Karte, das macht was her.« Und der Koch antwortet: »Chef, das ist unheimlich aufwändig. In Beijing machen wir das nur in ausgewählten Spezialitätenrestaurants. Und außerdem: Wie soll ich denn während des laufenden Betriebs die hauchdünnen Mandarin-Pfannkuchen backen? Da muss man dabeibleiben, da muss man am Herd stehen. Die muss man frisch machen. Die kann man nicht vom Vortag nehmen. Und ich muss doch die ganze Zeit das All-you-can-eat-Büfett nachfüllen.« Aber der Wirt winkt ab und sagt: »Ach was, mach einfach ein paar Krabbenchips dazu. Das merken die Gäste nicht. Diese Hinterwäldler waren noch nie in China. Ich übrigens auch nicht. Ich bin aus Peru. Was auf unserem heimischen Speiseplan einem Wasservogel am nächsten kommt, ist Meerschweinchen.«

Ich stelle mir vor, in Kenia ein süddeutsches Spezialitätenrestaurant zu eröffnen. Und wenn jemand »Schweinshaxe mit Semmelknödeln und Kartoffelsalat« bestellt, serviere ich einfach ein Schnitzel mit Fertignudeln und einer Handvoll Selleriescheiben. Ich frage mich, wie die kenianische Maschinenbauingenieurin, die in München studiert hat, wohl darauf reagiert. Sie hat ihren Verlobten zu einem echt urtümlichen German Dinner eingeladen und jetzt schaut sie bedröppelt auf ihren Teller. Sie hasst es, sich zu beschweren, weil sie genau weiß, dass ihr Verlobter konfliktscheu ist und lieber ein Steak mit einem Löffel zerteilen oder am Stück runterschlingen würde, als nach einem Messer zu fragen. Zerknirscht winkt sie mich, die Wirtin, an den Tisch. Sie weiß: Das Date ist ruiniert. Sie hätte auf ihn hören und in die Pizzeria nebenan mit ihm gehen sollen. Die Pizza dort ist zwar auch nicht authentisch, aber sie war noch nie in Italien. Und nun sitzt sie in der Falle. Sie kann einfach nicht anders. Sie liebt die bayrische Küche und hat an der Uni einen Kochkurs gemacht. Deswegen setzt sie jetzt ihr schönstes Lächeln auf und sagt, so höflich sie kann: »Entschuldigung, wir haben Schweinshaxe bestellt, die muss rund sein und knusprig, mit einem Knochen in der Mitte.«

Ich sage: »Das ist doch vom Schwein. Sogar paniert. Eine Wiener Spezialität!«

Sie runzelt die Stirn. »Ist Wien nicht in Österreich?«, fragt sie und ich belehre sie darüber, dass man in Österreich auch Deutsch spricht.

Auf ihrer Stirn steht: »Was hat das jetzt damit zu tun?«, aber aus ihrem Mund kommt vorsichtig: »Aber das ist nicht, was wir bestellt haben. Das sind auch keine Semmelknödel ...«

»Echte schwäbische Spätzle!«, unterbreche ich sie und streiche mir stolz über die blau-weiße Schürze. »Hausgemacht!«

Jetzt reißt ihr die Geduld vor so viel Chuzpe: »Wirklich?«, sagt sie spöttisch: »Spätzle müssen geschabt, gedrückt oder getropft sein. Das hier sind einfach Fertignudeln. Und wenn Sie schon glauben, ich kann Sellerie nicht von Kartoffeln unterscheiden, sollten Sie sie wenigstens in Fleischbrühe kochen und mit Öl und Essig würzen.«

»Das ist ein Rezept von meiner Oma«, lüge ich und sie kontert: »Ist Ihre Oma aus Norddeutschland?«

Jetzt mach ich auf Mitleid: »Sorry, Madam, aber Spätzle machen ist schwierig. Wir finden hier keinen Koch, der das kann. Es ist auch sehr zeitaufwändig. Die muss man frisch machen. Und ich muss ja hier den ganzen Tag Schnitzel panieren.«

»Gut«, lenkt sie ein. »Aber dann dürfen Sie das nicht auf die Karte setzen.« Und ich triumphiere: »Hab ich nicht. Auf der Karte stehen Semmelknödel!«

Als ich aus meinem Tagtraum erwache, steht der »mongolische« Kellner vor mir und fragt angesichts meines unangetasteten Tellers: »Soll ich das einpacken?«, und ich antworte: »Ja, bitte. Daraus mach ich mir morgen einen Tafelspitz.«

Interview mit einer Lebensmittelmotte

BRANDL *(klopft von innen an die Fensterscheibe)*: Hallo, ich würde Sie gerne interviewen.

MOTTE: Was?

BRANDL *(lauter)*: Ich möchte mit Ihnen reden!

MOTTE: Ich könnte Sie besser verstehen, wenn Sie das Fenster öffnen würden.

BRANDL: Netter Versuch. Ich hatte gerade Lebensmittelmotten und bin letzte Woche erst fertig geworden mit Desinfizieren und Entsorgen.

MOTTE: Ja, wir sind ziemlich zäh.

BRANDL: Eben. Darüber möchte ich mit Ihnen reden. Sie sitzen jetzt schon seit vier Tagen bei klirrender Kälte bei mir am Küchenfenster. Sie müssten inzwischen gemerkt haben, dass ich nicht öffne. Diese Beharrlichkeit hat ja auch etwas Verzweifeltes.

MOTTE: Ich glaube, Sie verwechseln da die Begriffe. Verzweifelt wäre es, wenn ich versuchen würde, mit meinen bescheidenen Mundwerkzeugen das Glas durchzunagen. Ich harre lediglich aus.

BRANDL: Gut, dann formuliere ich anders: Glauben Sie, dass Hartnäckigkeit schlussendlich immer ans Ziel führt?

MOTTE: Da fragen Sie die Falsche. Hartnäckigkeit heißt ja, dass man immer wieder, vielleicht auch mit verschiedenen Ansätzen arbeitet, nicht lockerlässt. Das klingt doch ziemlich verkrampft. Ich sitze hier nur. Und warte. Geduld zahlt sich eigentlich immer aus. Irgendwann müssen Sie lüften und haben vergessen, dass ich hier sitze. Vielleicht spätnachts, wenn Sie sich mal wieder vom Fernseher weg in die Küche schleppen und sich zur Triebbefriedigung noch was brutzeln? Gier macht die Leute immer unvernünftig.

BRANDL: Aber jetzt bin ich ja vorgewarnt.

MOTTE *(reglos)*: Das ist irrelevant. Wenn die Pfanne qualmt, müssen Sie dieses Fenster öffnen. Sie haben nur das eine. Und weil Sie sich für die überlegene Spezies halten, werden Sie denken: »Ich mach nur ganz kurz auf und behalte den Käfer im Auge.« Bis Sie sich dann für einen kurzen Moment wegdrehen, um Besteck aus der Schublade zu holen ... Und dann gibt es ja noch andere Menschen. Wollen Sie immer, wenn jemand die Küche betritt, sagen: »Achtung, lass das Fenster zu! Da draußen lauert eine Motte«?

BRANDL: Och, wissen Sie, ich kann auch ziemlich hartnäckig sein. Aber wie lange können Sie da draußen an der Scheibe kleben ohne Nahrung?

MOTTE: Kein Problem. Ich habe mich satt gefressen, als ich noch Larve war. Seit ich erwachsen bin, esse ich nicht mehr. Ich kümmere mich nur noch um die Fortpflanzung.

BRANDL: Aber Ihre Lebenszeit ist begrenzt. Und so lange werde ich eben nur im Wohnzimmer lüften.

MOTTE: Wussten Sie, dass sich meine Kleinen auch sehr gut vom Leim in Bucheinbänden ernähren können?

(BRANDL rennt wortlos Richtung Wohnzimmer. Motte grinst.)

Prima, fein gemacht!

Wenn man sich einen Hund anschafft, ist es ähnlich, wie wenn man die Motorhaube eines Autos öffnet und hinein-schaut. Zufällig vorbeischlendernde Männer mit Sendungs-bewusstsein scharen sich um die Maschine und sagen hilf-reiche Dinge wie: »Wird wohl die Benzinleitung sein« oder: »Typisch Japaner. Zu viel Elektronik.« Am häufigsten sagen sie: »Ist wahrscheinlich die Zylinderkopfdichtung.« Ich weiß es, denn ich hatte mal einen Freund, der einen alten VW-Bus umgebaut hat, um mit ihm durch Afrika zu fahren. Mein Freund war KFZ-Mechaniker und weil ich ihm assistie-ren sollte, lieh er mir die passende Kleidung. Ich hatte zwar null Ahnung von Autos, trug aber einen Overall mit einem »Shell«-Aufnäher auf der linken Brust und der Aufschrift »Racing Team« auf dem Rücken. Schweigend stand ich da-bei, während mehrere Männer aus der Nachbarschaft mit den Händen in den Hosentaschen und wissendem Blick in den Motorraum brabbelten. Schließlich zog ich meinen Reißver-schluss höher und sagte, ohne sie anzusehen: »Zylinderkopf-dichtung.« Ruckartig wandten sich alle Köpfe in meine Rich-tung wie bei einem Labrador, wenn die Leckerli-Tüte knistert. Instinktiv sahen sie mich nun als Rudelführerin und ab da erntete ich Zustimmung, egal was ich sagte: »Bekanntes VW-Problem«, konstatierte ich und sie nickten. Ich probierte auch »Hilft nix, da müssen wir von unten ran« und »Erst nicht richtig eingefahren und dann falsch eingestellt«. Sie schnappten danach wie nach einer Leberwurst. Weil ich einen Overall trug, musste ich ja wohl KFZ-Mechanikerin sein. Welchen anderen Grund gäbe es für eine Frau, einen Overall zu tragen? Mein Freund, der Profi, trug Jeans und T-Shirt, aber mein Wort hatte jetzt mehr Gewicht.

Wenn ich mit dem Hund unterwegs bin, trage ich nie einen Overall. Also hab ich auch keine Ahnung. Deshalb muss man mir Ratschläge geben. »Beim Gassigehen bestimmt aber der Hund die Richtung, was? Der tanzt Ihnen ja ganz schön auf der Nase rum, höhö.« Am Anfang habe ich versucht, zu erklären: »Das ist ein Welpe. Der kann das noch nicht.«

Dieselbe Antwort gab ich auch auf die konsternierte Feststellung: »Ach Gott, der hat ja Angst!« Ich habe versucht, einem zwei Meter großen schwarz gekleideten Mann, der sich von oben über einen dreißig Zentimeter hohen Welpen beugt und bellt: »Naaa, du kleiner Scheißer?«, zu erklären, dass Hunde es als bedrohlich empfinden, wenn man sich über sie beugt und er bitte respektieren soll, wenn mein Hundekind da erst mal zurückweicht. Inzwischen habe ich eingesehen, dass man fremde Menschen nicht erziehen kann, und lobe sie stattdessen. Egal, welcher unqualifizierte Spruch kommt, ob »›Sitz‹ sollte er in dem Alter aber schon können« oder »Armer Hund. Er darf nicht ohne Leine gehen«, ich antworte grundsätzlich: »Das haben Sie gut erkannt. Prima, fein gemacht!« Dasselbe sage ich auch zu meinem Mann, wenn er den Müll runtergebracht hat, und zu mir selbst, wenn ich nach der letzten Gassirunde um Mitternacht feststelle, dass ich einen ganzen Tag geschafft habe, ohne den Hund anzuschreien. Wieder habe ich etwas von meinem Hundetier gelernt: Alle Menschen wollen gern gelobt werden, auch wenn es völlig grundlos ist.

Probieren Sie's mal aus, wenn Ihnen morgen wieder jemand im Supermarkt den Einkaufswagen in die Hacken rammt, oder einer, während Sie noch blinken, blitzschnell die Parklücke wegschnappt. Einfach aussteigen, hingehen und mit Heidi-Klum-Stimme und lang gezogenen Vokalen loben: »Priiiimaaa! Das hast du fein gemacht!« Wenn echte Schwanzwedler darunter sind, freuen die sich.

Hin und Her

Es gibt ein großes Hü und Hott mit dem Hin und Her.

Letzten Sommer, in der Schlange vor dem Freibadeingang, hörte ich einen Mann hinter mir sagen: »Ich bin hierhingekommen zum Schwimmen, nicht zum Warten!«

Ich habe mich umgedreht und gesagt: »Nein. Sie sind hierhergekommen und wäre das Freibad nicht so gut besucht, würde es geschlossen und Sie hätten keinen Ort mehr, wo Sie hingehen könnten. Um zu schwimmen.« Wenn es um Sprache geht, bin ich eine furchtbare Klugscheißerin. Aber ich versuche, mich zu zügeln. Ich kommentiere schon lange nicht mehr, wenn jemand behauptet, irgendetwas würde Sinn machen, obwohl man Sinn nicht herstellen oder zubereiten kann wie eine Lasagne.

Sinn existiert. Wie Hitze.

Daher heißt es, eine Sache sei sinnvoll oder sinnlos. Genauso wie heiß oder kalt. Da sagt man auch nicht: »Der Sommer macht Hitze.«

Übrigens ist »Das macht Sinn« nicht einfach bloß ein eingeschleppter Anglizismus. Es ist in erster Linie eine falsche Übersetzung, weil »We made it« nicht heißt, dass wir es hergestellt, sondern es geschafft haben. Noch gruseliger ist »Ich bin damit fein« (I'm fine with this) und ich fürchte, demnächst kommt noch: »Nenn es einen Tag!« (Call it a day!)

Sprache entwickelt sich, ich weiß.

So wie meine Mutter sich erschreckt hat, als ich das erste Mal etwas »geil« fand, kann ich mich heute nicht daran gewöhnen, dass die Jugend einen maroden Zustand als »zerfickt« bezeichnet.

Aber die falsche Verwendung von »hin« und »her« führt doch zu Missverständnissen. »Komm her!« bedeutet etwas ganz anderes als »Komm hin!«. Mit »Komm her!« kann ich meinen Dackel rufen. Mit »Komm hin!« mein inneres Shopping-Ich dazu anhalten, mit dem Monatsbudget auszukommen.

Auch beim Flirten, ist es von entscheidender Bedeutung, ob ich zu ihm hin- oder er zu mir herübersieht. Wenn mein Wohnungsnachbar abends zu mir herüberkommt und anschließend mein Mann hereinplatzt, ist unsere Beziehung womöglich hinüber. Vielleicht sagt er in seiner Verdutztheit zum Nebenbuhler: »Wo kommst du denn her?« Auf keinen Fall aber: »Wo kommst du denn hin?« Er will ihn schließlich nicht aufräumen. Und falls doch, würde er ihn eben irgendwo hinstellen, aber nicht herstellen wie eine Lasagne oder Sinn.

Der Sinn von Sprache ist, dass man Dinge benennen und mit anderen Menschen kommunizieren kann. Und da ist es schon wichtig, dass man unterscheidet zwischen Herrichtung und Hinrichtung.

Die meisten Menschen sind sowieso nicht mehr in der Lage, eine einfache Aussage zu machen. Sie verpacken ihre Meinung lieber in Fragesätze der Art: »Wie blöd ist das denn?«

Warum fragt man mich das? Ich habe darauf keine Antwort. Und meine Freunde auch nicht. In Wahrheit gibt es nämlich keine Blödigkeitsskala von eins bis zehn, auf der man messen kann, wie blöd etwas ist, und auch kein Blödimeter zum Ablesen oder eine Anzeige auf dem Smartphone, die sagt: »Sie haben nur noch sieben Blödibyte.«

Ich kann nicht sagen, wie blöd, geil oder abgefahren etwas ist. Und meine Freunde auch nicht. Sie könnten sagen, wie blöd sie selbst es finden. Aber darum geht es nicht. Es geht darum, sich gegenseitig zu versichern, dass man sich einig ist. Man versucht, durch eine Frage festzuklopfen, dass das ja wohl überhaupt keine Frage sei. Am besten, man leitet das mit einem »Ganz ehrlich?« ein und bekräftigt es am Schluss mit »Hallo?«. Da habe ich doch den schlimmen Verdacht, vielen meiner Freunde geht es nicht um Ehrlich-, sondern um Bequemlichkeit. Wozu in ganzen Sätzen reden, wenn man durch das bloße Ausrufen von Stichworten sofort mit allen im Raum einer Meinung sein kann.

Einmal, als jemand auf einer Stehparty sagte: »Ganz ehrlich: Champagner aus Pappbechern, hallo?«, antwortete ich mit einem freundlichen »Liebe Grüße!« und als ich dafür einen entgeisterten Blick erntete, erklärte ich: »Ach so, ich dachte, du telefonierst.« Da war die Stimmung im Pappbecher.

Ich hätte lächeln sollen, nicken und das Thema wechseln, noch bevor es richtig auf dem Stehtisch lag. Genauso sollte ich es jetzt auch mit diesem Text machen. Ich sollte meine kleinliche Kommunikationsmäkelei hier beenden und einen eleganten Schwenk auf ein konsensfähiges Gebiet machen. Etwas, worauf wir uns alle einigen können: Donald Trump, das Wetter, Cookies, Captchas, Dschungelcamp, die hohen Spritpreise, Gurkeneis und Zwei-Faktor-Authentifizierung. Dinge, die wir alle blöd finden. Über die wir gar nicht lange reden müssen. Am besten, wir reden gar nicht mehr. Am besten, wir schicken uns gegenseitig einfach nur noch Fotos von Dingen, die wir hassen, und SMSen dazu: »Hallo?« Obwohl, ich bin mir sicher, dass das dann jemand irgendwo postet und drunterschreibt: »Wie blöd ist das denn?«

Genusstrinken

In der Hausordnung der Deutschen Bahn AG steht: »Der übermäßige Genuss von Alkohol ist verboten.«

Das heißt: Alkohol darf man trinken, so viel man will, man darf ihn nur nicht übermäßig genießen. Wenn ich im Nachtzug nach Paris ein Fläschchen Moët & Chandon köpfe, darf ich höchstens ein Glas trinken. Den Rest kipp ich ins Klo. Anders ist es bei Kaulsdorfer Trinkbranntwein. Den kann ich mir fassweise in die Gurgel kippen, denn das ist ja kein Genuss. Ich stell mir vor, wie einer dieser Bahnhofshilfssheriffs zu einem friedlich auf der Bank dösenden Penner geht und sagt: »Heda, Freundchen! Mach dich vom Acker! Der übermäßige Genuss von Alkohol ist hier verboten!«, und der Penner dann antwortet: »Ach, lassen Se mal, Herr Wachtmeister. Jenuss is dit schon lang keener mehr. Wissen Se: Ick bin Alkoholiker. Da is dit wie Medizin.« Dann wird der Menschenverscheucher ganz kleinlaut und antwortet: »Sie müssen schon entschuldigen. Das hab ich nicht gewusst. Also, wenn Ihnen der Schnaps wirklich nicht schmeckt, dürfen Sie selbstverständlich weitertrinken.«

Den Fall, dass jemand nicht aus Genuss trinkt, sondern weil der Körper es braucht, hat die Bahn AG beim Erstellen ihrer Hausordnung nämlich nicht einkalkuliert. Ist ja auch asozial. Der überwiegende Teil der Konsumenten ist selbstredend feinsinniger Genusstrinker. Wer etwas anderes behauptet, ist ein Spielverderber, hat keinen Spaß im Leben und Hitler war auch Abstinenzler. Wir alle trinken im Wesentlichen aus zwei Gründen: weil wir Spaß im Leben haben und nicht so sein wollen wie Hitler. Für manche Ältere von uns, die Adolf noch persönlich gekannt und für gut befunden haben, wird der Alkohol deshalb gerne in Sachen versteckt, die vordergründig nach was ganz anderem schmecken: Weinbrandbohnen, Eierlikör, Franzbranntwein …

Denn was das Trinken und das Genießen angeht, so ist es wie mit dem Rauchen und dem Sex: Am Anfang findet man's eklig und muss husten. Aber wenn man sich mal überwunden und der Körper sich dran gewöhnt hat, will man nix anderes mehr. Als Kind hab ich mir oft vorgestellt, was ich mal trinken werde, wenn ich groß bin: Kirschsaft, Bluna oder Kaba, den Plantagentrank. Eine ganze Welt von Getränken schien nur darauf zu warten, dass ich hinausziehe und sie erobere. Aber wie bei vielen von uns war der Alkohol schon seit mehreren Generationen in der Familie und ich musste den Betrieb vom Vater übernehmen. Daher hat er mich schon recht früh mitgenommen in seine Lieblingskneipe. Erst mal nur zum Frühschoppen. Damit ich mal reinschnuppern kann. »Mal die Nase ins Glas hängen«, wie man so sagt. Mein erstes Wort, noch bevor ich Mama und Papa sagen konnte, war »Jubiläumsaquavit«.

Irgendwann begann ich dann selbst zu trinken. Das waren natürlich anfangs ganz kleine Schlucke. Bier oder Weinschorle. Und als man gesehen hat, dass ich es kann, hat man mir auch mal ein Jägermeisterle zugetraut. Es gibt sehr niedliche Fotos von mir, wie ich an Silvester, als die Erwachsenen sturzbetrunken unterm Tisch liegen, heimlich die Reste austrinke. Nach ein, zwei Jahren durfte ich dann auch schon alleine trinken. Mit Hilfestellung natürlich: Meine Eltern haben abends zum Fernsehen 'ne Flasche Wein geöffnet und wenn sie im Bett waren, hab ich die dann gefinisht. Und dann eines Tages, an meinem sechzehnten Geburtstag war es so weit: Ich bekam meinen ersten eigenen Kasten Bier.

Seitdem bin ich Fan. Und ich genieße es. Übermäßig.

Wie wir alle. Seid mal ehrlich: Wann habt ihr zuletzt ein Bier getrunken? Ich meine, wirklich nur eins? Wer trinkt denn ein Bier und hört danach auf? Das ist, als ob man Joggingsachen anzieht und dann nicht losrennt. Man hat doch ein Ziel vor Augen! Ich bin mit meinem Kumpel Robert mal in eine Kneipe gegangen und gleich am ersten Tisch saß ein Typ mit dem Kopf auf dem Ellbogen, woraufhin Robert freudestrahlend verkündete: »Da wo der is, woll'n wir heute noch hin.«

Das ist doch mal 'ne Ansage! Wieso trinkt man denn sonst? Wegen des Geschmacks? Wegen: »Ich hatte einfach Lust auf ein Bier«? Ja, klar. Ich hab auch manchmal Lust auf einen Apfel, aber wenn ich den aufgegessen habe, hat sich der Spaß irgendwie erschöpft. Ich hab noch nie einen Apfel nachbestellt. Ich hab auch noch nie gesagt: »Ich weiß auch nich', was gestern los war. Ich hab einfach immer noch'n Apfel gegessen und noch'n Apfel und noch'n Apfel ...«

Ich komme auch nicht aus dem Kino und sage: »So. *Harry Potter* war schön, jetzt guck ich mir noch *Herr der Ringe* an, Teil eins bis drei, Extended Version. Und als Absacker *Titanic*.«

Sehen wir der Sache ins Gesicht: Beim Trinken geht's nicht darum, sich von Hitler abzugrenzen, sondern um den Alkohol. So einfach isses. Jetzt sagen natürlich viele: »Aber ich trink ja keine harten Sachen, nur Bier.« Das erinnert mich an meine verstorbene Tante aus dem Bayerischen Wald, Gott hab sie selig, die sehr fromm und sehr katholisch war und über ihre Lieblingsnichte sagte: »Die Sandra nimmt jetzt die Pille, aber bloß a ganz a leichte.«

Vorbei ist die Zeit, als Trinken noch schick war und als gesundheitsfördernd galt und es so schöne Schlagertexte gab wie:

»Schütt die Sorgen in ein Gläschen Wein,
deinen Kummer tu auch mit hinein.
Und mit Köpfchen hoch und Mut genug
leer das volle Glas in einem Zug! Das ist klug!«

Das würde heute gar nicht mehr gehen bei der Hausordnung der Deutschen Bahn AG: »Leer das volle Glas in einem Zug.« Höchstens »das Glas in einem vollen Zug«.

Weil friedliches Zuschütten in der Öffentlichkeit, aka übermäßiger Genuss, nicht mehr zum guten Ton gehört, wird Alkohol heutzutage oft harmloseren Konsumgütern zur Seite gestellt. Vor allem Weintrinker scheinen sehr stark den Drang zu verspüren, sich zu rechtfertigen. Was denken sich Ladeninhaber bei solchen Namen: »Bücher & Weine« – Trinken ist intellektuell und geistreich? »Kamine & Weine« – Trinker sind gemütlich? »Autos & Weine« – Trinken kommt besonders gut, wenn man besoffen ein Fahrzeug führt?

Es gibt sogar eine »Sporteca«, also »Sport & Weine«. Was ist da los? Zwanzig schwitzende Deutschlehrer*innen auf dem Laufband? Auf dem Display läuft 'ne Doku über die Toskana, statt der Wasserflasche steckt am Rad ein Liter Montepulciano und wer zuerst runterfällt, bezahlt?

Wieso hab ich noch nie ein Ladenschild gesehen, auf dem steht: »Dosenbier & Jogginghosen«?

Und wie wär's mit: »Bestattungen & Weine«? Da könnte man doch den alten Schlagertext aufs Etikett drucken.

Die schönste Idee hatten aber die Esoteriker, die das Geschäft mit dem Namen »Weine & Steine« eröffneten. Das nenn ich mal ein feines Konzept: Falls der Stoff nicht stark genug ist, kann man sich immer noch den Rosenquarz über die Rübe ziehen. Das kleine Wegschieß-Komplettpaket.

Die Deutschen sind ohne Zweifel ein trinkfreudiges Volk. Das merkt man besonders, wenn man im Ausland ist.

Als wir letztes Jahr bei Freunden in Lyon zu Gast waren, wurde dort für acht Leute eine Flasche Wein aufgemacht und am Ende des Abends war die noch halb voll. Andererseits ist der Pro-Kopf-Alkoholkonsum in Frankreich angeblich um zehn Prozent höher als in Deutschland. Ich glaube das nicht. Ich glaube, das ist Gérard Depardieu, der versaut den Schnitt.

Fingerzeig

Man sagt, der Zeigefinger sei der wichtigste Finger. Ich sage: Jeder Finger hat eine Aufgabe. Mit dem kleinen komme ich viel besser in meinen Nabel, wenn da Fussel drin sind. Natürlich ist der Zeigefinger beeindruckend. Nicht nur, wenn er zeigt. Er gibt bei Bewegungen der Hand auch die Richtung vor. Er ist immer der Erste, wenn's ums Drehen, Wenden, Wedeln, Drücken geht. Zumindest stelle ich mir das vor. Als ob jede Bewegung, die meine Hand ausführt, einen Sinn habe. Das ist eine tröstliche Vorstellung. Sonst wäre doch alles nur wirres Rumgefuchtel.

Der Mensch stellt sich gern vor, dass hinter allem eine sinnstiftende Ordnung steht. Zumindest beruhigt es ihn, wenn er die Dinge und Abläufe in seinem näheren Umfeld kontrollieren kann. Deshalb schafft er sich einen Hund an. Ein Hund läuft immer weiter, steht auf, streckt sich, will Gassi gehen, macht einen Haufen, bekommt dafür zur Belohnung einen Keks. Dann holt er den Ball. Bringt ihn zurück. Holt den Ball. Bringt ihn zurück. Holt den Ball. Bringt ihn zurück. Es ist wie ein Mantra. Oft bringen Menschen ihren Hund zurück ins Tierheim, weil er nicht funktioniert wie eine Spieluhr zum Aufziehen. Deren Mechanik läuft so lange, wie die Feder in ihrem Inneren noch Spannung hat. Und wenn sie ausgeleiert ist, weil man sie überdreht hat, legt man sie weg. Weil man sich schämt, dass man zu doof ist, sie wieder in Gang zu bringen, legt man sie heimlich irgendwo ab: in einer Schublade oder auf dem staubigen Regal. Wäre man Eltern, lebte im Märchen und die Spieluhr hieße Hänsel oder Gretel, brächte man sie in den Wald. Weil sie einem einfach zu viel geworden wäre. Die mit ihrer ewigen Leier. Man kann das manchmal einfach nicht mehr aushalten: jeden Tag, immer dasselbe und neue Probleme dazu. Dann geht man in den Wald, um seine eigene Feder wieder aufzuziehen, Kraft zu tanken, frische Luft zu atmen. Man zeigt auf hohe Tannen und sagt: »Schau mal, wie hoch!« Und dann fällt einem ein, dass man alleine ist im Wald, und wird ganz ruhig. Nur das eigene Atmen hört man noch. Nicht mal der Boden unter einem knirscht. Denn es ist Waldboden. Weiches Moos, Tannennadeln und Wurzeln machen kein Geräusch, wenn man auf sie tritt. Höchstens einmal – horch –, da macht es ein ganz zartes »Kflaatsch«, wenn man auf eine Pifferlingsfamilie tritt, und das tut einem dann leid, denn man hat etwas zertreten, das nie wieder heil werden wird. Aber dazwischen, halb eingewachsen liegt seitlich diese Spieluhr. Sie ist rot und rund wie ein Fliegenpilz und weil man unbedingt wissen will, welche Melodie sie einmal gespielt hat, nimmt man sie mit. Man säubert sie, schrubbt den Rost weg, lädt jemanden zu sich nach Hause ein und legt sie auf den Tisch. Man macht dem Gast ein Bier auf und sagt: »Prost! Schön, dass du da bist!« Dann zeigt man auf die Spieluhr, mit dem Zeigefinger, und raunt: »Schau mal, was ich im Wald gefunden habe.« Mit Hilfe zweier Köpfe und zwanzig geschickter Finger wird die kleine Rote dann wieder in Gang gesetzt und am Ende erklingt: »Ein Männlein steht im Walde«.

Am Ende erklingt immer ein Lied.

Interview mit einem Fischbrötchen

FISCHBRÖTCHEN: Werden Sie mich jetzt essen?

BRANDL: Vorher wollte ich noch mit Ihnen reden.

FISCHBRÖTCHEN: Wozu?

BRANDL: Ich bin halt neugierig.

FISCHBRÖTCHEN: Ich nicht.

BRANDL: Aber ganz schön ungeduldig, oder?

FISCHBRÖTCHEN: Hören Sie mal, vom Rumliegen werde ich auch nicht frischer. Außerdem finde ich Menschen gruselig, die mit ihrem Essen reden.

BRANDL: Haben Sie der Welt denn gar nichts mehr zu sagen, bevor Sie für immer verschwinden? Letzte Worte?

FISCHBRÖTCHEN: Ich verschwinde doch nicht. Ich gehe auf die Reise.

BRANDL: Aha.

FISCHBRÖTCHEN: Seit ich belegt wurde, freu ich mich darauf. Ich hab mich schon die ganze Zeit gefragt, wer mich wohl mitnimmt, hab mir die Zwiebeln an der Vitrine plattgedrückt, um zu erspähen, wer mein Transportmittel sein wird. Na ja, dann sind Sie angelatscht gekommen. Mögen Sie überhaupt Fisch?

BRANDL: Nicht besonders. Eigentlich gar nicht. Am liebsten, wenn er nicht nach Fisch schmeckt und mit viel Remoulade zugekleistert ist.

FISCHBRÖTCHEN: Dann bin ich ja genau das Richtige für Sie!

BRANDL: Schon, aber ich hätte lieber Lachs gehabt statt paniertem Fisch.

FISCHBRÖTCHEN: Was ham Sie denn gegen Panade? Das überdeckt doch schön den Fischgeschmack, den Sie nicht mögen.

BRANDL: Ja, aber es ist doch sehr fettig.

FISCHBRÖTCHEN: Das muss so sein. Fisch muss schwimmen. Deshalb sagt man »Butter bei die Fische«.

BRANDL: Und dann noch schmierige Remoulade. Die mag ich eigentlich auch nicht, aber Sie haben ja so eine Honig-Senf-Soße mit Dill: nicht so dick und ordinär wie Mayonnaise. Ich liebe Senf. Schon die Farbe ist lecker. Und dann diese leichte Süße vom Honig, kombiniert mit der Schärfe ...

FISCHBRÖTCHEN: Ich mach Sie an, oder?

BRANDL: Total. Sie sind mir sofort aufgefallen.

FISCHBRÖTCHEN: Und ich halte, was ich verspreche: Zuerst spüren Sie die würzige Soße auf der Zunge und wenn Sie Ihre Zähne in die Panade versenken, öffne ich mein saftiges Inneres zwischen Ihren Lippen.

BRANDL: Oaah, mir läuft das Wasser im Mund zusammen.

FISCHBRÖTCHEN: Worauf warten Sie dann noch? Tun Sie's. Essen Sie mich.

BRANDL: Haben Sie nicht Angst, dass es wehtut?

FISCHBRÖTCHEN: Und wenn schon. Das ist es mir wert.

BRANDL: Was denn?

FISCHBRÖTCHEN: Na, dass ich endlich hier rauskomme. Das es losgeht. Dass ich eintauche in den ewigen Kreislauf der Natur. Vielleicht komme ich durch Sie in die Kanalisation und dann durch die Flüsse bis ans Meer und werde als Koralle wiedergeboren.

BRANDL: Aber dann sind Sie weg und ich kann mich gar nicht mehr mit Ihnen unterhalten.

FISCHBRÖTCHEN: Eben.

Gustl

Jeden Tag, wenn die Pudelin und ich die kleine Runde gehen, treffen wir auf Gustl und sein Frauchen. Gustl ist ein, in Menschenjahren, 119 Jahre alter Dackel. Ein süßer, kleiner brauner Bilderbuch-Waldi. Ein Aussterbender seiner Zunft.

Ich weiß, Hunde organisieren sich nicht wirklich in »Zünften«, schon gar nicht zum Sterben oder Aussterben. Immerhin habe ich für seine Besitzerin den vertrauten Begriff »Frauchen« benutzt – obwohl ich ihn nicht verstehe. Wird man automatisch kleiner und niedlicher, wenn man Verantwortung für ein Lebewesen übernimmt? Vielleicht wollte der berühmte kleine Mann, der einst Diener seines Herrn war, sich wenigstens als Herr über seinen Hund fühlen? Und als später dann auch Frauen herrschen durften, zumindest über das Familientier, wurde aus dem Herrchen eben ein Frauchen.

Warum dann aber nicht »Dämchen«? Sehr geehrte Dämchen und Herrchen ... Hat sich nicht durchgesetzt. Ebenso wenig wie »Halterchen« oder »Besitzerchen«.

Auf Hawaii gelten Menschen mit Hund als dessen Kahu oder Kahuna, was so viel wie Wächter, Beschützer, Betreuer von etwas Wertvollem bedeutet. Kahu steht als Ausdruck für »einen Ofen pflegen«, »auf das Essen aufpassen« oder allgemein »etwas pflegen«. Ein Kahuna ist folglich jemand, der sich um etwas kümmert (kahu) und auf Dinge (ana) aufpasst.

Wenn ich Reis koche, passiert es mir regelmäßig, dass ich, solange das Wasser noch kalt ist, denke, ich kann noch in Ruhe E-Mails checken, während der Topf samt Deckel nebenan in der Küche auf dem Herd steht, bis ich dann urplötzlich ein zischendes, überschäumendes Geräusch höre und wie eine Irre zum Herd renne. Es ist dann aber immer schon zu spät: Der Reis ist übergekocht und die Herdplatte sieht aus wie Sau.

Sehr ähnlich ist es, wenn ich den Hund beim Spaziergang ableine. Eine ganze Weile geht er brav bei Fuß, entfernt sich höchstens ein paar Meter von mir und sieht sich ab und zu fragend nach mir um. Ich sage dann meistens »zu«, was nichts mit Zunft zu tun hat, sondern heißen soll: »Geh zu«, und signalisiere ihm damit, dass es okay ist, wenn er ein bisschen umherstreift. Womöglich fragt der Hund aber gar nicht nach meiner Erlaubnis, sondern schaut nur genervt zurück und versteht nicht, warum seine Kahu so viel langsamer ist als er. »Wie soll die mich bewachen?«, fragt er sich dann vielleicht. Und als gäbe er sich die Antwort gleich selbst, saust er abrupt davon, als sei die Herdplatte unter ihm zu heiß geworden, sieht aus wie Sau, wenn er zurückkommt, und scheint zu denken: »Wer nicht aufpasst, ist selbst schuld, wenn ich überkoche.«

Und der Hund hat recht. Ich habe nicht aufgepasst. Bevor ich die Pudelin hatte, dachte ich, mit Hund zu spazieren sei schöner als solo. Mit einer treuen und mich liebenden Begleiterin an der Seite, so stellte ich mir vor, genießen wir gemeinsam die Natur, die Bewegung, die Aussicht, und zwar viel zünftiger als alleine, weil das treue Tier einen elegant umtänzelt, sich freut und dabei »Im Frühtau zu Berge« bellt.

Der Hund freut sich tatsächlich. Aber hauptsächlich über

Amseln, Eichhörnchen und Katzen, die er jagen kann. Ob da noch Natur drum rum ist oder ein Frauchen hinterherläuft, ist ihm, glaube ich, wurscht. Wenn man mit dem Hund geht – so sagen nämlich Hundebesitzer: »Ich geh noch mal mit dem Hund.« Sie sagen nicht: »Der Hund kommt mit mir«, und legen damit bloß: »Der Hund muss raus und ich geh mit« –; wenn man also »mit dem Hund geht«, kann man nicht mehr Blick und Gedanken in die Ferne schweifen lassen oder Texte fürs neue Kabarettprogramm memorieren. Man ist jetzt eine Wächterin und muss den Wald und den Hund in seiner Mitte beobachten, damit man das Eichhörnchen noch vor dem Hund erspäht und rechtzeitig eingreifen kann. Merke: Der Rückruf kommt zu spät, wenn der Hund schon losgerannt ist. Das ist umgekehrt wie beim Reiskochen, wo erst das Geräusch kommt und dann das Gerenne.

Das Frauchen von Gustl hat derlei Probleme nicht mehr. Gustl ist froh, wenn er es noch rechtzeitig vor dem Pinkeln aus dem Haus schafft. Meine Hündin liebt Gustl. Es spielt keine Rolle, dass er ein alter inkontinenter Dackel ist. Sein Hintern riecht immer noch hervorragend. Letztens hat sie ihn so überschwänglich begrüßt, dass er einfach umgefallen ist. Es war wie Küheschubsen. Gustl ist wieder aufgestanden und hat sich nicht beschwert.

An Tagen, an denen der Reis, der Computer und die schlimmen Nachrichten in der Zeitung überkochen, sage ich manchmal leise zum Hund: »Schubs mich um und lass mich liegen.« Aber meine Pudelin stupst mich nur sanft mit der Nase in die Seite und schnüffelt. Wenn mein Hintern zu sehr nach Sofa müffelt, jault sie ein lang gezogenes »Kaaahuuuuuuu« und erinnert mich daran, dass Menschen seit den Neandertalern zu den wandernden Zünften gehören. Gut, dass mein Hund darüber wacht, dass ich artgerecht gehalten werde.

Herrenkabarett

Ich möchte jetzt mal was zum Thema Frauenkabarett sagen: Es ist eine Erfindung. Es existiert nicht. Schauen Sie, es ist doch so:

Wenn man auf der Bühne »Unterleibszyste« sagt, ist die Stimmung sofort im Eimer. Bei »Prostatavorsorgeuntersuchung« nicht. Das geht. Da kann man lustige Bühnennummern drüber machen. Man bückt sich und macht vor, wie der Urologe (allein das Wort ist ja schon ein Brüller: »UROLOGE!«), wie der sich also so hinter einen stellt und dann sagt: »Glück auf, der Steiger kommt!« Oder: »Huch, ich hab ein Mon Chéri gefunden.« Männer dürfen sich über ihr Unterrum lustig machen. Frauen eher nicht so. Nehmen wir mal den Satz: »Seit ich keine Gebärmutter mehr habe, erlebe ich viel mehr Höhepunkte. Und zwar jedes Mal, wenn ich bei Drospa bin und am Tampon-Regal vorbeigehe und denke: ›Nein ... nein ... nein ... und du kommst mir auch nicht mehr zwischen die Beine.‹« Da sind die Leute schon bei »Gebärmutter« raus. »Gebärmutter« ist ein unglaublich sperriges Wort und auch ein sperriger Ausgang bei der Geburt. Da möchte man nicht unbedingt dran erinnert werden. Aber »Prostata«! Haha! Das klingt doch schon ganz anders! Da is Musike drin! Prostata! Pimmel! Prost!

Insofern gibt es zwar kein Frauen-, aber durchaus ein Herrenkabarett.

So witzelte ein von mir an sich hochgeschätzter Kabarett-kollege: »Die Leute, die Trump wählen, das ist ja so, wie wenn du im Krankenhaus sagst: ›Okay, Herzoperation geht in Ordnung, aber bitte nicht vom Chefarzt. Ich hätte gern die dralle Kantinenkraft.‹«

Die dralle Kantinenkraft.

Ich lass die Zeile kurz so stehen, um sie quasi noch mal auf der Schöpfkelle zergehen zu lassen. Was ist das Schlimmste, Inkompetenteste, das sich der Kollege vorstellen kann?

Dass es eine Frau ist, überrascht mich nicht weiter. Und geben Sie's zu: Sie stellen sich unter »dralle Kantinenkraft« keinen schmerbäuchigen Mittvierziger mit Halbglatze und rosa Schürze vor.

Folgende Geschichte kursiert im Internet als Rätsel: Ein Vater und sein Sohn haben einen Autounfall. Der Vater ist sofort tot. Der Sohn wird ins Krankenhaus gefahren. Ein Mitglied des Chirurgenteams sagt: »Ich kann den nicht operieren. Das ist mein Sohn.« – Wie ist das möglich? Auf die naheliegende Antwort: »Die Mutter des Kindes ist Chirurgin« kommt nicht jeder sofort.

Das steckt halt drin in den Köpfen: Mann – Chirurg, Frau – Kantinenkraft. Und zwar die »dralle« Kantinenkraft. Irgendwie war ich enttäuscht, dass als nächster Satz nicht kam: »Schwester Angelika, bringen Sie mir bitte ein neues Klischee! Meins ist aus den Fünfzigern.«

Gibt's da nicht was Neues von Ratio-Comedy?

Also, worum geht's? Weder die Regierung einer Weltmacht noch die Operation am offenen Herzen sollte man in inkompetente Hände legen. Und mir fallen in einem Krankenhaus jede Menge klischeehaft Inkompetente ein: der dicke

Hausmeister, der unterernährte Pförtner, der Kioskbesitzer mit den Aschenbecherbrillengläsern. Alle weit weg vom Chirurgen. Aber eben nicht weit genug. Denn das sind immerhin Männer. Irgendwas können die.

»Nee, nee«, hat sich der Kollege wohl gedacht. »Es muss schon jemand sein, der überhaupt gar nix kann, der völlig unqualifiziert ist. Jemand, dem man nicht mal zutraut, den Zeitpunkt des Todes korrekt von der OP-Uhr abzulesen. Also: 'ne Frau! Und was ist noch unqualifizierter als 'ne Frau? Natürlich 'ne dicke Frau! Denn die weiß offenbar nicht, was ihre Kernkompetenz ist, nämlich attraktiv zu sein. Und attraktiv zu sein – das weiß doch jeder – heißt, dünn zu sein. Eine Frau, die ihr Gewicht nicht halten kann, kann dem Herrn Chirurgen unmöglich das Skalpell reichen, geschweige denn das Wasser. So eine hat im OP nichts zu suchen. Die verstellt nur den Platz für die hübschen Krankenschwestern, die der Chefarzt heiratet. Schließlich hat der bei seinem vollen Operationsplan keine Zeit, sich auf Dating-Plattformen rumzutreiben. Das macht der alles nebenher beim Operieren. Daher arbeiten dicke Frauen immer sehr weit weg vom OP in der Kantine. Dort tragen sie unförmige Kittelschürzen, schöpfen mit riesigen Kellen und mieser Laune Erbsensuppe aus der Klischeekanone und sind drall. Ist ja auch ein Scheißjob. Den machen nur Idioten. Oder Frauen. Deswegen ist das weibliche Gegenstück zum Herzchirurgen auch keine Kantinenköchin, sondern eben nur eine Kantinenkraft. Hochspezialisierter Akademiker versus ungelernte Suppentrine. Über die Körperform des Herzchirurgen wird nichts gesagt. Die Unqualifizierte ist »drall«.

Wenn man in »Der deutsche Wortschatz« nach »drall« googelt, erhält man die Verwendungsbeispiele: »Wirtin, Maid,

Magd«. Insofern hat der Kollege vom Herrenkabarett alles richtig gemacht: Wer alte Klischees wiederkäut, sollte auch alte Wörter verwenden.

Vielleicht sollte ich ihm einen neuen Witz schenken: »Meine Frau hat jetzt immer Kleingeld, weil: Sie ist ja in den Wechseljahren.« Ich selbst kann den nicht bringen. Ich kann nicht auf der Bühne über Frauen sprechen. Das ist sonst Frauenkabarett, also kein richtiges Kabarett, sondern ein Sonderfall. Ich möchte aber keine Sonderbehandlung, sondern richtige Engagements. Nicht nur am Frauentag oder als Farbtupfer in Mixshows, bei denen ich im Finale fürs Gruppenbild mit Dame nach vorne geschoben werde, und zu Frauenspecials mit niedlichen Namen wie »Giggelnde Girls«, »Freche Frauen«, »Lachende Ladys«, »Comedy Chicks« und »Wild gewordene Weibswitzboldinnen«. Weil die Alibi-Frauenshows nur einmal im Jahr stattfinden und es bei den Mixshows mit nur einer Frau unter vier Männern ganz schön dauert, bis frau wieder engagiert wird, müsste ich eigentlich dreimal so gut bezahlt werden wie meine Kollegen vom Herrenkabarett. Und wenn ich im Hotelzimmer nach der Show den Fernseher anmache, steht da: »Willkommen, Herr Brandl.« Früher hätte da wahrscheinlich »Fräulein Brandl« gestanden. Das sagt heute kein Mensch mehr. Wegen der Scheiß-Feministinnen. Demnächst muss man wohl auch noch »Chirurgin« sagen statt »Operationskraft«. Schlimm.

Zippezappe

Wir hatten zu Hause ein Badetuch. Es war blassrosa mit dunkelbraunen Blumen und diente nur einem einzigen wunderbaren Zweck. Wenn meine Schwester und ich badeten, stand mein Vater, wenn wir schon schrumpelige Finger hatten, vor der Badewanne und breitete das Badehandtuch mit beiden Armen aus. Dann nahm er mich mit dem Tuch in den Arm und hob mich hoch. Ich machte »zippezappe« mit den Füßen, um ein bisschen Restbadewasser abzuschütteln, und mein Vater hob mich aus der Wanne. Ich habe keine Ahnung, was danach mit meiner Schwester geschah. Wahrscheinlich sitzt sie immer noch da. Das ist für meine Erinnerung unwichtig, denn ab dem Moment war die Welt wieder in Ordnung. Und ich denke mir heute oft, wie schön es wäre, diese Maßnahme anzuwenden. Zum Beispiel, wenn mal wieder jemand auf irgendeinem Social Jammertal ungefragt seine Meinung zum Weltgeschehen kundtut und ein anderer sofort genauso ungefragt kommentiert, woraufhin der Erste schreibt, das sei halt seine Meinung und er verbitte sich auf seinem eigenen Kanal derartigen Widerspruch. Der andere schreibt dann, die Meinung über des Ersten Meinung sei halt seine Meinung, und innerhalb von Minuten ist das Ganze derart verworren, überflüssig und unsinnig geworden, dass man brüllen möchte: »Ruhe jetzt! Alle raus aus dem Thread und erst mal zippezappe! Schüttelt euch die überflüssigen Meinungen aus den Fingern, trocknet euch ab und geht ins Bett!« Oder wenn jemand an der Ampel neben mir im Auto sitzt, rhythmisch Gas gibt und den Motor aufheulen lässt, obwohl er gar nicht losfahren kann. Ich würde aussteigen, ihn sachte aus dem Auto hochheben und sagen: »So, jetzt mach erst mal zippezappe und wenn das grüne Männchen kommt, darfst du fahren.«

Zippezappe möchte ich generell für alle anwenden, die sich über Genderwahn, politische Korrektheit und das Wetter, das nie so ist, wie es im Wetterbericht angesagt wurde, aufregen. Außerdem für alle, die, sobald irgendein prominenter Mensch sich für irgendetwas einsetzt, rufen: »Ach, das ist doch kostenlose Werbung für den! Der will sich doch nur wichtigmachen!« »Und du?«, möchte ich den Nörgler fragen: »Was möchtest du mit deinem Gezeter bewirken?«

Alle Menschen möchten dauernd die größtmögliche Aufmerksamkeit. Und wenn sie Symphonien komponieren oder ein Mittel gegen Krebs erfinden, will ich sie ihnen gerne schenken. Aber wenn sie sich wie Kinder benehmen, die einen kleinen stinkenden braunen Haufen gemacht haben und dafür noch gelobt werden wollen, dann sollten diese Stinker auch wie Stinker behandelt werden: Feuchttuch raus, Haufen wegmachen, in den Eimer, Deckel zu und dann ab in die Badewanne. Schön lange einweichen, bis sie so schrumpelige Finger haben, dass sie damit keinen Blödsinn mehr ins Internet tippen können, und dann das große Handtuch ausbreiten, in den Arm nehmen und eine Runde zippezappe!

Wie der Hund seinen Namen bekam

An Silvester feiert man den Neubeginn und dann kommt der 1. Januar und alles wiederholt sich:

Im Februar vergisst man die guten Vorsätze, im April fragt man sich, ob es je wieder Frühling wird, und im Mai ist es viel zu heiß für die Jahreszeit. Im August erschrickt man sich, weil der Sommer fast zu Ende ist, und im Oktober konstatiert man mit zerfurchter Stirn, was man dieses Jahr alles nicht geschafft hat. Zack, ist Weihnachten und schwupps, steht man wieder vor der Frage: »Was mach ich Silvester?«

Dieses Jahr erübrigt sich das, weil ich den Hund nicht mit zu einer Party nehmen kann. Vielleicht verbringe ich Silvester im Keller, um ihn vor Böllern zu schützen? Dabei liebe ich Feuerwerk. Kann man das inzwischen nicht ohne Sound und digital machen? Mein schönstes Silvester war, als ich mit einem Freund in einer Berghütte saß und wir als einzigen Böller eine aufgeblasene Papiertüte platzen ließen. Rocket würde das gefallen. Sie liebt das Geräusch von raschelndem Papier und würde dann das Feuerwerk nach dem Knall einfach aufessen. Das Hündchen ist noch jung und alles, was sich bewegt, riecht oder ein Geräusch macht, ist aufregend und essbar. Besonders, wenn es auf dem Boden liegt und stinkt.

»Dein ganzes Leben wird sich verändern!«, kreischten meine Freunde entsetzt, als ich erzählte, ich wolle mir einen

Hund anschaffen, und ich rief begeistert: »Hurra!« Erschien mir mein Leben vor dem Hund doch nur noch wie eine endlose Aneinanderreihung von Wiederholungen. Nun hat sich endlich etwas geändert! Es gibt andere Wiederholungen:

Jeden Abend lässt mein Mann im Bad die Socken fallen und der Hund holt sich die morgens zum Frühstück. Jeden Morgen renne ich durch die Wohnung, um dem Hund die Socken wieder abzujagen. Wenn der Hund gefrühstückt hat, fängt er an, sein Hundebett anzufressen. Weil es schon das fünfte Hundebett ist und teuer war, nehme ich es ihm tagsüber weg und abends bekommt er es zurück. So soll der Hund lernen, dass er nicht alles kaputt machen darf, was ich ihm überlasse. Der Hund lernt nicht. Jedes Mal, wenn der Hund beim Gassigehen fremden Hundekot ins Maul nimmt, sage ich: »Pfui!«, und biete ihm dafür was Besseres an. Der Hund lässt die Fremdkacke fallen, frisst das Leckerli und schneller, als ich sagen kann: »Fein gemacht«, zum Nachtisch die Stinkwurst. Jeden Tag dieselbe Scheiße.

Ich weiß, das klingt hart, aber das muss auch einmal gesagt werden. Alle warnen einen immer nur davor, dass man mit einem Hund immerzu rausgehen müsse. »Auch wenn es regnet!«, krähen sie mit weit aufgerissenen Augen. Als ob mich das kratzt, wenn ich nass werde. Den Hund davon abzuhalten, sich umzubringen, weil er alles frisst, was rumliegt, *das* ist die Herausforderung! Steine, Efeu, Zigarettenkippen, Nüsse, Kernobst, Kastanien, Eicheln, Avocados, Weintrauben, Schokolade. Die Welt scheint plötzlich voller Gift zu sein, wenn man einen Hund hat. Er kann sich mit Knochen, Pflaumenkernen und splitternden Stöckchen die Speiseröhre aufschlitzen, sich mit einem Stein den Darm verschließen, sterben, weil er die Pralinenschachtel leergefressen hat, und eine

Magendrehung bekommen, wenn er nach dem Essen zu wild spielt. Im Internet informieren sich Hundebesitzer regelmäßig über No-go-Areas, weil es Menschen gibt, die Rasierklingen, Glasscherben und Rattengift in Leberwurst verstecken. Ich wünschte, es gäbe Regen, der alle tödlichen Gefahren für mein unschuldiges kleines Wesen vom Boden waschen würde. Ich bin froh, wenn ich es heil durch das erste Jahr bringe.

An Silvester hat der Hund Geburtstag. Die Tierärztin hat beim ersten Termin mit Blick auf das Geburtsdatum gesagt: »Ach, deswegen heißt sie ›Rocket‹!«, und ich habe gelächelt und genickt. In Wahrheit steckt eine andere Geschichte dahinter:

Je näher der Tag ihrer Ankunft rückte, desto öfter poppten neue Angst machende Artikel auf meinem Bildschirm auf: »Den Hund beschäftigen, aber sinnvoll! Spielen heißt nicht nur Bällchen werfen! Geistige Beschäftigung! Gestalte das Gassigehen spannend! Barfe deinen Hund, Trockenfutter ist nicht artgerecht! Tägliches Bürsten ist wichtig für die Bindung!« Je mehr ich las, desto überforderter war ich. Drei Monate vor der Ankunft unseres Welpen war ich überzeugt davon, dass Menschen, die einen anderen Beruf als Hundetrainer oder Tierarzt ausüben, keine Chance haben, einem Hund auch nur ansatzweise gerecht zu werden. Eingeschüchtert und verzweifelt sagte ich eines Abends beim Zubettgehen zu meinem Mann: »Wenn es stimmt, was ich gelesen habe, ist das niemals zu schaffen. Die tun gerade so, als wär das Rocket Science.« Und mein Mann, der alte Ostberliner, für den nichts ein Problem zu sein scheint, für das er keine Lösung improvisieren könnte, antwortete: »Weeste wat? Jenau so nennen wir die Töle: Rocket.«

So bekam die Kleine, noch bevor sie geboren war, ihren Namen. Wie eine Rakete ist sie dann dieses Jahr in unser Leben geknallt und sie ist tatsächlich eine Wissenschaft für sich. Wir forschen und betreten jeden Tag Neuland. An Silvester feiern wir ihren ersten Geburtstag und wir wissen jetzt schon: Dieses Jahr wird anders als alle Jahre zuvor.

Geträumtes Interview

BRANDL: Ich habe geträumt, ich bin in einem meiner Interviews.

INTERVIEW: Du meinst, in mir?

BRANDL: Ja, ich bewegte mich zwischen den Wörtern und schob sie immer wieder in eine andere Reihenfolge.

INTERVIEW: Jetzt wird's aber abstrus. Ich bin doch nicht räumlich. Ich bin lediglich eine Textform. Schon dass wir hier miteinander reden, ist sehr unwahrscheinlich.

BRANDL: Du meinst, ich träume immer noch?

INTERVIEW: Falls ja, dann ist es irrelevant, was ich meine. Denn dann bin ich ja nur ein Konstrukt in deinem Kopf.

BRANDL: Ich finde, jetzt machst du es dir zu leicht. Nehmen wir doch mal spaßeshalber an, ich träume nicht und wir reden tatsächlich miteinander über deine Form.

INTERVIEW: Gern, ich bin für alles offen. Das Einzige, was vorgegeben ist, sind Frage und Antwort. Aus denen sollte ich schon bestehen.

BRANDL: Das müssen aber nicht unbedingt Wörter sein. Tanzen ist auch ein Frage- und Antwortspiel. Beim argentinischen Tango zum Beispiel lernt man eine Menge über den Partner.

INTERVIEW: Schon klar; es gibt viele Wege zu kommunizieren. Aber dass du ein Interview interviewen willst, das ist doch eine ziemliche Kopfgeburt.

BRANDL: Du meinst, eine Träumerei?

INTERVIEW: Kann es sein, dass du gerade eine billige Ausflucht suchst für dein wackliges Gedankenkonstrukt?

BRANDL: Einerseits ja, aber so abwegig ist das eigentlich gar nicht. Sind nicht alle abseitigen Ideen, Tagträume, Gedankenspiele die Voraussetzung dafür, dass sich im Hirn neue Verknüpfungen bilden? Meine »Interviews mit unmöglichen Gesprächspartnern« sind vielleicht nur zusammengeträumt, aber so schaffe ich für diese Dinge einen Raum, in dem sie zu Wort kommen. In der realen Welt hört ja keiner zu.

INTERVIEW: Ich finde es schade, dass du deiner Leserschaft die Illusion nimmst, deine Gespräche hätten tatsächlich stattgefunden. Und was heißt schon »zusammengeträumt«? Wieso soll ein Traum weniger real sein als das, was wir außerhalb unseres Kopfes wahrnehmen? Schließlich bilden sich diese Eindrücke im selben Geist wie die, die wir uns aus der Fantasie erschaffen. Du redest mit mir doch im Augenblick genauso wie mit Menschen, die in persona vor dir stehen.

BRANDL: Jetzt glaube ich doch, dass ich das alles nur träume.

INTERVIEW: Und ist es ein schöner Traum?

BRANDL: Zumindest ein verquerer, weil ich gerade von meinem eigenen Interview interviewt werde.

INTERVIEW: Im Traum ist eben alles anders.

BRANDL: Nicht immer. Ich hab mal geträumt, dass ich an der Bushaltestelle stehe.

INTERVIEW: Und dann?

BRANDL: Nichts. Ich hab darauf gewartet, dass der Bus kommt.

INTERVIEW: Wenn der Traum genauso öde ist wie die Realität – krass ... Da wird der Übergang fließend.

Brandl: Ja, Mann. Aber das hier? Das ist schon weird. Merkst du, wie sich unsere Sprache gerade ändert?

Interview: Akkurat. Judge mich nicht. Ich wollte nur den Text pimpen.

Brandl: Cringe, Alter. Aber relatable.

Interview: Kommt das trotzdem ins Buch?

Brandl: Du träumst wohl. Wenn ich aufwache, verbrenn ich das Ding.

Interview: Du gehst also immer noch davon aus, dass du träumst?

Brandl: Interviewst du mich schon wieder?

Interview: Nein, eigentlich interviewst du dich selbst.

Brandl: Wir drehen uns im Kreis.

Interview: Wie bei einem Tanz.

Brandl: Und tatsächlich habe ich etwas über meine Tanzpartnerin gelernt.

Interview: Das wäre?

Brandl: Ich mag meine eigene Gesellschaft.

Interview: Dito.

Nestbeschmutzerin

Ich bin Künstlerin. Von daher verbietet sich bei mir schon von Berufs wegen jeglicher Defätismus. Künstler lieben ihren Job, beuten sich jauchzend und permanent putzige Kapriolen vollführend selbst aus und verspritzen allüberall ihre naturstoned Message of Love. Geradezu inflationär wird mit dem Begriff »Liebe« um sich geworfen. Von »Ich liebe meine Arbeit« über »Ich darf tun, was ich liebe, und bekomme noch Geld dafür« liest man auf Social Media und in Zeitungsinterviews überschwängliche Lobgesänge auf den angeblich schönsten Beruf der Welt. Im scheinbar kuscheligen Nest der Bühnenkunst – also Schauspiel, Musik, Tanz und am lautesten in meinem Genre, der Kabarett- und Comedywelt – wird anhand von Fotos mit Notebook am Baggersee und der Überschrift »Mein Arbeitsplatz heute« damit geprahlt, dass das, womit man sein Geld verdient, kein bloßer Broterwerb sei, sondern Selbstverwirklichung und pure Lebensfreude. Die bildende Kunst scheint weitgehend frei von solch selbstverleugnender Schönfärberei zu sein. Zumindest habe ich noch kein Atelierselfie mit einer zwei Meter hohen Marmorskulptur gesehen, unter dem steht: »Das Ding hat sich quasi von selbst modelliert, ist mir einfach so aus den Händen geflutscht.«

Stellen Sie sich ruhig mal einen Zahnarzt vor, der mit dem Bohrer in der Rechten und einem Caipirinha in der Linken für Instagram posiert und dazu schreibt: »Ich habe mein Hobby zum Beruf gemacht und bekomme noch Geld dafür!« Das finden Sie absurd? Und was genau? Dass einem Zahnarzt sein Beruf Spaß macht oder dass er beim Bohren Alkohol trinkt? Glauben Sie mir: Die meisten Komiker*innen schreiben keine besseren Witze, wenn sie in der prallen Sonne sitzen und mit zwei Promille in der Birne durch die Sonnenbrille auf den Bildschirm blinzeln. Das merkt man schon daran, dass sie so großartige Gags raushauen wie den, den Platz am Pool als »Arbeitsplatz« zu bezeichnen, obwohl das doch wie Urlaub sei. Dabei ist das Dreierlei: unlustig, unwahr und traurig. Wie schnafte ist es denn, dass man selbst im Urlaub noch arbeitet? Ich habe noch keine Klempnerin gesehen, die auf Malle ihre Rohrzange an den Sonnenschirm lehnt. Künstler*innen arbeiten fast immer und überall, kennen kein Wochenende und keinen Feierabend, leugnen aber in der Öffentlichkeit hartnäckig, dass sie nur deswegen permanent im Dienst der guten Laune unterwegs sind, weil ihre Arbeit meist unterdurchschnittlich bezahlt wird, nicht krisensicher ist und höchstens bei jedem zweiten Auftritt so richtig großen Spaß macht. Die andere Hälfte der Shows, die man spielt, sind Routine bis anstrengend. Darüber redet man aber nicht, sondern sieht sich lieber als Teil einer Art weltweiten fröhlichen *Kelly Family*, die so tut, als wäre der verranzte Tourbus der Buckingham Palace. Wenn man doch mal Missstände anspricht, wie die Tatsache, dass man sich auf Tour in der Zeit von Oktober bis Mitte November regelmäßig Erkältungen holt, weil manche Veranstalter den Saal nicht heizen mit der Begründung: »Das wird dann schon warm, wenn die Leute kommen«, wird man im Backstage und in geschlossenen Künstlerforen schon mal angewiesen, keine schlechte Stimmung zu verbreiten, und gilt als Nest-beschmutzerin. Dabei ist das Showbusiness eher Haifisch-becken als gemütliche Behausung. Heutzutage mehr denn je ist die von Konkurrenz und Ellbogenmentalität geprägte Atmosphäre, die unter Künstler*innen herrscht, alles andere als ein geschützter Raum. Und sie ist auch keine Achterbahn der Gefühle. Auch wenn öffentlich gebetsmühlenhaft wie-derholt wird, der wichtigste Grundstoff, aus dem erfolgreiche Kunst geschnitzt wird, sei »Emotion«. Um welche Emoti-on es sich handelt, bleibt dabei offen: Wut? Mitleid? Neid? Welche darf's denn sein? Wenn ich eine aussuchen müsste, würde ich »Ohnmacht« gegenüber dem von Massenmedien dominierten Markt nennen. Dort lautet das höchste Lob »Das war so emotional« und steht als Multifunktionsadjektiv für Menschen, die offenbar entweder nicht wissen oder nicht ge-nau ausdrücken können, was sie fühlen.

Weil ich glaube, dass sich in unserer Gesellschaft die-se gut verkäufliche Castingshow-Lüge durchsetzt, nach der man nicht Handwerk, sondern nur genügend schwammige »Emotion« braucht, um gute Kunst zu machen, möchte ich hier noch mal das Zitat aus einem Gedicht des Bühnenau-tors Ludwig Fulda hinausschreien, in dem es heißt: »Kunst kommt von Können, nicht von Wollen, sonst hieße es Wulst.«

Karl Valentin, dem dieses Zitat fälschlicherweise zuge-schrieben wird, hat noch um die schlichte Wahrheit ergänzt: »Kunst ist schön. Macht aber viel Arbeit.« Und ich finde da-ran überhaupt nichts Negatives.

Wer sich erinnert, war nicht dabei

Die trinkende Frau ist in unserer Gesellschaft immer noch ein Tabu. Oft hört man den Satz: Es gibt nichts Schlimmeres als betrunkene Frauen. Doch, gibt es: zwei betrunkene Frauen.

Frauen im Rudel. Die lassen sich gnadenlos volllaufen, nach dem Motto: »Wer sich erinnert, war nicht dabei!« Sie singen zwar nicht: »Trullala, trullalla! – Da wo meine Leber war, ist jetzt eine Minibar«, wie die jungen Männer, die mir spätnachts nach der Show die Fahrt im Regionalexpress versüßen, aber sie nerven auf andere Art: Frauen entschuldigen sich dafür, dass sie getrunken haben. Sie trinken einen Schluck Prosecco und sobald die ersten 0,001 Promille ihre Blutbahn erreichen, sagen sie: »Oh, ich glaub, ich bin ein bisschen beschwipst!«

Habt ihr einen Mann schon mal so was sagen hören? Natürlich nicht. Ein Mann ist nicht beschwipst. Ein Mann ist während der ersten drei Hefeweizen stocknüchtern. Und dann kippt's. Und wenn er voll ist wie ein Eimer, stellt er das nicht zur Diskussion. Denn er weiß es. Und alle anderen am Tisch wissen es auch. Nur Frauen belästigen andere mit der Bekanntgabe: »Oh, ich glaub, ich bin ein bisschen beschwipst.« Warum? Was wollen sie damit sagen? Was heißt denn »ich glaub«? »Also, so ganz genau weiß ich es nicht. Wissen Sie: Das ist mein erstes Glas Alkohol und ich bin auch ansonsten noch ganz unberührt.« Glauben diese Frauen, der Mann, der ihnen in der Bar gegenübersitzt, findet es attraktiv, eine fünfzigjährige Jungfrau zu daten? So was sagen Frauen nämlich nur zu Männern. Zu Frauen sagen sie: »Doris, schenk mir noch'n Ramazotti ein, sonst erzähl ich wieder von meiner Unterleibszyste.« So reden Frauen, wenn sie untereinander sind. Und zu Männern sagen sie: »Pflück mich, ich bin ein Gänseblümchen.« Das mag einen gewissen Charme haben, wenn man zwölf ist. Aber es kommt der Tag, an dem eine erwachsene Frau aufhören sollte, mit ihrer Unerfahrenheit zu kokettieren. Das ist, als ob man ein Megafon in die Hand nimmt, aufsteht und durch die ganze Kneipe ruft: »Achtung! Achtung! Folgende Mitteilung: Ich habe Alkohol getrunken. Alles, was ich ab jetzt tue, entzieht sich komplett meiner Verantwortung, denn: Alle mal herhören! Ich bin ein bisschen beschwipst!«

Zur Ehrenrettung solcher Frauen muss gesagt werden, dass sie durch Romantic Comedys gehirngewaschen wurden. Es ist immer dasselbe:

Frau, Mitte fünfzig, super Gesicht, super Body, super Karriere, Kinder ausm Haus. Der Ehemann ist ein Schwein, verlässt sie wegen einer Jüngeren und nimmt den Hund mit. Jetzt sitzt die allein in ihrem riesigen Haus in den Hamptons, mit einem riesigen Garten und weiß nicht, wie man den Rasen mäht. Klar, der Mann ist ja weg. Also stellt sie einen puertoricanischen Gärtner ein: fünfundzwanzig, 1,90 Meter, mit den Maßen 130, 70, 35 ... und dem Namen Rodrigo Gonzales. Eines Abends rammt der sich aus Versehen die Heckenschere in den Deltamuskel und klopft bei ihr an die Tür. Und ab da, wo sie ihn ins Haus holt, um ihn zu verarzten, weiß man: Es passiert. Vorher muss sie aber in den nächsten zweieinhalb Filmminuten noch die vier obligatorischen Sätze sagen:

Satz Nummer eins: »Das wird jetzt ein bisschen brennen«, tupf, tupf.

Dann bietet sie ihm einen Drink an auf den Schreck, er erzählt von seinem abgebrochenen Doktorstudium in Puerto Rico und spätestens zwei Schlucke später sagt sie den unvermeidlichen Satz Nummer zwei: »Oh, ich glaub, ich bin ein bisschen beschwipst.«

Weil jetzt schon anderthalb Filmminuten mit diesem langweiligen Geplänkel draufgegangen sind, muss Rodrigo ein bisschen Gas geben und sagt sinngemäß: »Sie sind eine wunderrrssöhne Frau. Und es is eine Ssssande, dass Sie ganz allaine sind in diessse große Haus«, und pellt sie langsam aus ihrem cremefarbenen Seidennegligé. Sie neigt den Kopf zur Seite, schließt die Augen und man denkt: »Ha! Jetzt passiert's!« Aber dann zuckt sie plötzlich zusammen, schubst ihn weg und schmachtet Satz Nummer drei: »Nein, ich kann das nicht.«

Und man möchte ihr zurufen: »Wieso denn nicht? Der ist unter vierzig und hat alle Haare aufm Kopf! Der ist glutäugig! Der ist Südländer! Was ist dein Problem?« Denn Rodrigo sagt sich jetzt natürlich: »Ich abe nur eine klaine Näbenrolle in diessse Film, aber ich wärde das Beste darrraus machen.« Dann wirft er sie fach- und sachgerecht in die dafür vorgesehenen und farblich perfekt aufs Negligé abgestimmten cremefarbenen Seidenlaken und haucht: »Ich waiß, es ist nur eine klaine Ssszene für eine berühmte Sssauspielerin wie dich, aber eine grrroße Chance für mich, im amerikanisssen Filmbusiness Fuß ssu fassen, also strrrrrreng disss gefälligst an!!« Damit hat sie endlich Druck genug, um nachgeben zu dürfen, und sagt den finalen Satz Nummer vier; den schlimmsten aller Sätze: »Rodrigo, was hast du mit mir angestellt?«

Jetzt möchte ich nicht in der Haut von Rodrigo stecken. Der Mann hat alles getan, um ein erotisches Nest zu bauen: Er hat sich als Gärtner verkleidet, sich den doofen Akzent angewöhnt und sich die Heckenschere in die Schulter gerammt und sie sagt: »Was hast du mit mir angestellt?«? Das kann ich zu meinem Frisör sagen, wenn er die Dauerwelle versaut hat, oder zur Chirurgin, die mir das falsche Bein amputierte, aber das bringt mich in so einer Situation doch überhaupt nicht weiter!

Schon gar nicht, wenn das nicht im Film ist, sondern im richtigen Leben. Wo Rodrigo nicht Rodrigo heißt, sondern Uwe. Und Uwe ist keine fünfundzwanzig mehr. Uwe ist auch keine dreißig mehr. Ehrlich gesagt, hat Uwe die fünfzig weit überschritten und in dem Moment nicht mehr so viel Zeit. Sie hat wahrscheinlich in Vorbereitung auf das Date drei Tage nur Salat gegessen und jetzt lallt sie Uwe mit 'ner Leerer-Magen-und-Prosecco-Fahne ins Gesicht: »Wasss hassu mit mir angestellt?« – Nichts!

Sie hat doch den ganzen Abend gesoffen. Er hat nur dabeigesessen und gewartet, bis sie endlich voll genug war, um ihre altmodischen Verklemmungen abzulegen. Denn als sie vor zwei Stunden sagte: »Oh, ich glaub, ich bin ein bisschen beschwipst«, hat er gedacht: »Übersetzt heißt das wohl: Meine Hemmschwelle beginnt zu sinken, füll mich ab, dann vögel ich dir das Hirn aus dem Leib.« Und genau das hat er getan. Auftrag ausgeführt. Und jetzt denkt Uwe: »Mann, in der Zeit hätt ich mir 'n Porno anschauen, duschen und noch die *Sportschau* gucken können.« Okay, jetzt übertreib ich. Vielleicht nicht duschen. Vielleicht denkt er: »Mann, in der Zeit hätt ich zur Dönerbude laufen und während der Spieß rasiert wird, noch schnell bei Monique einen wegstecken können.«

So denken Männer: zielorientiert. Aber statt zu sagen, was sie denken, bemühen sie sich zu sagen, was wir hören wollen: »Es ist okay, überlass das mir, lass dich einfach fallen, Baby.« Innerlich rollen sie dabei mit den Augen und denken: »Geht's nicht mal ohne Bauerntheater?«

Männer sind anders als Frauen, gewöhnt euch dran. Frauen entschuldigen sich dafür, dass sie getrunken haben. Das machen Männer nicht. Es läuft eher umgekehrt, wenn sie lallen: »Sie müssn schon entschuldign, Fräulein, aba ich habn bisschen was getrunkn ...« Und dann kotzen sie einem in die Handtasche.

Der Sommer war fürn Arsch

Es gibt so Krankheiten, über die redet man nicht gerne. Wie oft habe ich schon Menschen schniefend durch Büroräume hasten sehen, leidend und doch emsig; zwischendurch geschäftig mit dem weißen Stofftaschentuch wedelnd, aber dennoch pflichterfüllend. »Meine Liebe, Sie gehören aber dringend ins Bett«, riet ich dann meist mit meiner Fachärztinnenstimme und blickte besorgt. Die Erkältete rümpfte dann stets das rot geschwollene Näschen und hauchte: »Es geht schon«, gefolgt von einem unterdrückten Huster. Oh, wie glücklich sind die Grippegeplagten! Jeder hatte inzwischen Covid. Jeder kann es nachfühlen und auch wenn manch einer denkt: »Wär se mal lieber zu Hause geblieben, die Virenschleuder«, so ist ihnen doch Mitleid und Anerkennung ob der Tapferkeit gewiss.

Anders ist es, wenn man eine Analvenenthrombose hat. Schon das Wort schüchtert ein. Dabei ist die nicht mal ansteckend. Trotzdem soll man damit lieber unter sich bleiben oder wenigstens nicht darüber reden. Die Menschen sehen einen komisch an, wenn man auf die Frage »Wieso kommst du nicht mit zur Radtour?« antwortet: »Ich hab ein Blutgerinnsel am Arsch.« Es ist besser, man sagt: »Ich hab da grad so eine unangenehme Sache an einer ganz blöden Stelle und kann nicht so gut sitzen.« Selbst in der Arztpraxis nuschelt die Sprechstundenhilfe: »Sie kommen wegen der Analsache, nicht wahr?« – Wenn es um Sex geht, ist man nicht so verschämt.

In beinahe jeder witzig gemeinten Filmszene fragt heutzutage der Mann die Frau, ob sie's anal mit ihm mache, wenn er für sie in das brennende Haus zurückginge, um ihre Louis-Vuitton-Tasche zu retten. Und die Frauen in den Sitcoms lachen bei ihrer Girls' Night out augenrollend darüber, dass sie ihren Typen mal wieder nur mit Analverkehr dazu verlocken konnten, mit ihnen Urlaub im Wellnesshotel zu machen. Man hat den Eindruck, anal ist das neue Beine-breit. Nur heißt es jetzt: Backen auseinander. Dass man davon Analvenenthrombosen bekommen kann, darüber spricht keiner.

Bei mir war das nicht so. Ich hab sie aus Oberstdorf. Vom Bergwandern. »Analvenenthrombose – das Sommergeschäft der Proktologen«, so stand es süffisant auf der Website, auf der ich über den kirschkerngroßen Knubbel, den ich, Sie-wissen-schon-wo, ertastete. Ich las auch, dass er bis auf Walnussgröße anschwellen könne, schmerzhaft, aber harmlos sei und dass man nicht zu lange mit dem Arztbesuch warten solle, weil das Ding sonst verhärte und mit der Darmwand verwachse. Das ist jetzt zwei Monate her und ich habe mittlerweile zum dritten Mal eine Arschthrombose bekommen. Jedes Mal im Allgäu. Es ist heiß, ich erklimme eintausend Höhenmeter – zack – macht die Vene schlapp. Und die Proktologen sind sämtlich im Urlaub. Komisch, dass die alle wegfahren, wo sich gerade ihr Sommergeschäft anbahnt. So telefoniere ich mich durch die Gelben Seiten, verbringe Tage im Liegen und versuche, nicht aufs Klo zu gehen. Meine Freunde laden mich zum Grillen ein, zum An-den-See-Fahren oder zu Radtouren und ich muss mir alle möglichen Umschreibungen ausdenken, weil ich sie nicht mit meiner Arschsache belästigen will. Wenn sie wenigstens vom Analverkehr käme, einem ungeplanten vielleicht? Ein anales Missgefick; aber für so pubertäre Kalauer habe ich nicht die richtige Zielgruppe. Wenn ich literarischen Mehrwert aus der Sache ziehen wollte, müsste ich schon mit etwas mehr Pathos aufwarten:

»Der Pfad war steil und steinig. Schluchten und Klammen stellten sich mir in den Weg! Steig um Steig zog ich mich hoch. Höher, immer höher hinauf! Kein Grat ward mir zu schmal, kein Schneefeld zu weit. Dieser verfluchte Berg würde mich nicht unterkriegen! Ich trutzte ihm den Sieg ab, ja unterjochte ihn, als ich den Gipfel mit meinem festen Schuhwerk trat. Als sich der Himmel verfinsterte und die Arschthrombose aufzog, dachte ich daran, wie Xavier Naidoo mit bebender Stimme sang: ›Dieser Kot wird kein weicher sein, dieser Kot wird steinig und hart ...‹«

Zu eklig? Darüber darf man nicht schreiben? In modernen Epen werden Kämpfer verehrt, die Drachen köpfen, Orks abschlachten, Gegner mit dem Schwert zerteilen. Ein Hieb. Zack. Bumm. Aus. Was ist daran heldenhaft? – Nicht auf Zwiebelrostbraten zu verzichten, obwohl man weiß, dass man dafür wieder eine Stunde hinter verschlossener Tür einsam wird leiden müssen. Bei siebenundsiebzig Ärzten siebenmal siebenundsiebzig Minuten in der Warteschleife zu hängen und trotzdem nicht nach dem achtundsiebzigsten »Wir haben erst in drei Wochen einen Termin« aufzugeben! Beim Hausarzt am Tresen zu lehnen und auf die Frage: »Wofür brauchen Sie denn die Überweisung zum Proktologen?«, erhobenen Hauptes und mit klarer, fester Stimme zu antworten: »Ich habe eine Analvenenthrombose und ich werde nicht zögern, sie zu enthüllen!« *Das* ist der Stoff für Heldensagen, die erst noch geschrieben werden müssen. Und ich darf sagen: Ich könnte das. Und zwar, wie man so sagt, auf einer Arschbacke.

Interview mit einer Autobahnbrücke

BRANDL *(mit erhobener Stimme)*: Das ist ja ganz schön laut hier. Können Sie mich verstehen?

AUTOBAHNBRÜCKE *(schreit)*: Oh, ja, ich kann Sie verstehen. Ich stehe jetzt zwanzig Jahre hier, ich hör drüber weg! Über alles, was unter mir durchfährt: der röhrende Tuning-Auspuff, das gemeine Kleinwagendröhnen, das tiefe Dieselbrummen – kratzt mich alles nich! Auch nich das Knattern der Motorräder, ich bin da ganz cool, wissen Sie, man wird gelassen, wenn man tagein, tagaus so viel zu hören kriegt. Viele denken ja, Autobahngeräusche seien monoton – sind sie *nich*! Das Tuckern der Motoren im Stau: völlig anders als, sagen wir mal, das Quietschen der Reifen vor dem Unfall. Und dann der Aufprallknall, uiuiui, da rappelt's in der Geräuschkulisse, gell: »Peng!« macht das dann: »Peng! Kratsch!« Manchmal rumpeln die Autos aber auch nur bei stockendem Verkehr so ineinander, da hört man dann ganz deutlich das Piff und Paff der Airbags. »Monoton!«, ha! Dass ich nich lache! Nee, langweilig wird mir bestimmt nich: »Lalülalaaaa«, kommt der Rettungswagen! »Miep-mieeeep«, machen die Hupen, weil's nich weitergeht. Und dann: Stellen Sie sich das ohrenbetäubendste Geräusch vor, das Sie kennen, und nehmen Sie das mal zwei ... – Na? Kommen Sie drauf? Nee, da kommen Sie nich drauf, natürlich nich! So was haben Sie noch nie gehört, das gibt's nur hier, unter mir am Pfeiler: Brückensanierung! Wahnsinn! Das sind Presslufthämmer! Die machen ihrem Namen alle Ehre, ich sag immer, wer nicht drübergestanden hat, war nich dabei, »Och«, denken Sie, »jetzt übertreibt sie aber, es gibt bestimmt Zeiten, da is hier gar nix los, da isses total still, nachts um drei zum Beispiel« ... Von wegen! Denken Sie! Nachts kommen die Wildschweine, klicker-klacker-klicker-klacker und dann grunz-grunz-schmatz-schmatz ... die fressen das, was die Autobahngucker tagsüber haben fallen lassen ... Aber das interessiert Sie nich so, stimmt's? Sie wollen wissen, was am lautesten is, hab ich recht? Kann ich Ihnen sagen: Am lautesten sind die Hubschrauber, hoch oben, die filmen mich und manchmal landen sie direkt neben mir, um Verletzte abzuholen, und dann sind da noch die Lkws, Mensch, die hätt ich jetzt ja beinah vergessen, das sind ja die Allerbesten, wissen Sie, wie viele Laster aus wie vielen Ländern unter mir durchfahren?

BRANDL: Nein, ich wollte eigentlich fragen ...

AUTOBAHNBRÜCKE *(unterbricht)*: Deutschland, Frankreich, Italien, Spanien, Niederlande, Polen, Schweden, Litauen, Rumänien, Estland, Österreich, Belgien, Albanien, Bulgarien ...

BRANDL *(ruft laut)*: STOPP! Darf ich auch mal was sagen?

AUTOBAHNBRÜCKE *(krümmt sich unmerklich und kräuselt ein wenig das Geländer)*: Sorry, aber wenn man mal sozusagen in Fahrt kommt, nich wahr; bei mir ist das ja fast 'ne Berufskrankheit, bei all den Fahrzeugen, die ich sehe ...

BRANDL *(sehr schnell)*: Genau das wollte ich Sie fragen: Bei all den Fahrzeugen, die Sie jeden Tag sehen ...

AUTOBAHNBRÜCKE *(schert ein)*: Oh, da sagen Sie was: Kleinwagen, SUVs, Sportwagen, Jeeps, Kombis, Kastenwagen, Großraumlimousinen, Kleinbusse, dann die ganzen Anhänger: Wohnwagen, Bootsanhänger, Pferdetransporter, Fahrradanhänger, Kipphänger, Surfbrettanhänger, wobei die Boards ja meistens einzeln auf dem Dach transportiert werden, in so einem schwarzen Plastikbehälter, sieht aus wie 'n Sarg, wenn Sie mich fragen ... – Au! Au! Au! Die hab ich ganz vergessen! Leichenwagen, die gibt es auch, kommen nicht so oft vor, aber die gibt es und dann noch Militärfahrzeuge, die sieht man jetzt wieder häufiger. Woran das liegt? Tja, eine gute Frage ...

BRANDL *(nutzt die kurze Irritation)*: Jetzt mal abgesehen von den Autos ...

AUTOBAHNBRÜCKE *(fällt ihr ins Wort)*: Motorräder, kenn ich! BMW, Honda, Yamaha, Aprilia, Kawasaki, KTM, Moto Guzzi, Ducati, Indian, Benelli, Piaggio, Suzuki, Harley-Davidson ... Au! Da fällt mir ein super Witz ein: Woran haben Motorradfahrer am meisten Spaß? – An Harley-Dei-Witzen!!! Der is gut, oder? *(Lacht sich scheckig.)*

BRANDL: Äh ... zurück zu meiner Frage: Bei all der Vielfalt ...

AUTOBAHNBRÜCKE *(dreht jetzt völlig durch und hechelt)*: Da sagen Sie was! Die vielen Formen und Farben! Blau, Rot, Silber, Grün, Magenta, Polar, Anthrazit, Türkis, Braun, Gelb, Orange, Schwarz glänzend, Schwarz matt, Beige, Gold, Pink, Khaki ...

BRANDL *(brüllt entnervt wie am Spieß)*: WELCHE FAHRZEUGE MÖGEN SIE AM LIEBSTEN?

AUTOBAHNBRÜCKE *(trocken)*: Cabrios.

BRANDL: Das war's? Das ist alles, was Sie dazu sagen? Keine Aufzählung? Keine endlose Begründung?

AUTOBAHNBRÜCKE *(zieht entrüstet das Geländer hoch)*: Es sind Cabrios!

Vom Hund lernen heißt lügen lernen

Wenn man einen Hund hat, lernt man lügen. Das konnte ich natürlich vorher auch schon. Aber jetzt lüge ich völlig schamlos.

Vor ein paar Wochen hat der Hund entdeckt, dass er bellen kann. Und jetzt probiert er aus, was damit anzustellen ist. Vor allen Dingen kann er einem damit ziemlich auf die Nerven gehen. Das Problem ist, dass ich nicht erkennen kann, warum er wen anbellt. Fröhlich und schwanzwedelnd begrüßt er Menschen und Hunde, die er nie zuvor gesehen hat. Die nette Pflegerin der alten Dame, die über uns wohnt, hat er schon bei der ersten Begegnung verbellt. Wie viele Hundebesitzer sage ich in so einem Fall dann: »Entschuldigung. Das macht er sonst nie«, weil ich mich von jeglicher Mitschuld freisprechen will. Das hat mich auf eine Idee gebracht. Mein Mann und ich waren im Krankenhaus, weil ich, über meine kaputten Badelatschen stolpernd, mit dem Gesicht voran in eine Mauer gefallen war. Mit gerissener Lippe und lockeren Zähnen standen wir in der Notaufnahme und der diensthabende Arzt schnodderte: »Da können wir nichts machen. Sie müssen dreißig Kilometer weiter ins Kreiskrankenhaus fahren.« Aufgeputscht vom Adrenalin schnauzte ich, so gut das mit der zerfledderten Lippe ging: »Na schönen Dank. Für nichts!« Im selben Moment schämte ich mich dafür, weil der arme überarbeitete Internist ja nichts dafür konnte, dass er

kein Chirurg war und die Kaputtsparpolitik im Gesundheits-
wesen dazu geführt hat, dass die Notaufnahme in unserer
Stadt nur noch rudimentär besetzt ist. Da wäre es praktisch
gewesen, mein Mann hätte sagen können: »Entschuldigung,
das macht sie sonst nie«.

Ich könnte das bei Bedarf auch selbst sagen. Zum Beispiel,
wenn man mir lustige Dinge schenkt: »Das Schild mit der
Aufschrift ›Vorsicht vor der Frau des Hauses! Der Hund ist
harmlos‹ habe ich direkt nach dem Auspacken verbrannt.
Entschuldigung, das mache ich sonst nie.«

Oder: »Ich habe die Scheiße Ihres Huskys aufgesammelt
und in Ihren Briefkasten gestopft. Entschuldigung, das mach
ich sonst nie.«

Am leichtesten schlucken die Menschen übrigens Lügen,
wenn man mit dem Kindchenschema arbeitet. »Die ist noch
klein« geht sehr gut als Entschuldigung durch, wenn der
Hund fremde Leute anspringt. »Wie alt ist sie denn?«, wird
dann nachsichtig gefragt. Seit einem halben Jahr antworte
ich jetzt: »Fünf Monate.« Und ich habe vor, dabei zu bleiben.

In der Hundeschule klappt das leider nicht. Wir sehen uns
ja einmal die Woche und bekommen jedes Mal Hausaufga-
ben.

Wie immer will ich die Streberin sein. Ich werde in einer
Woche wiederkommen und der Hund wird alles können. Warum? Weil ich es so gut geübt habe. Weil ich so fleißig bin.
Weil ich ein braves Frauchen bin. Ich werde den Plan über-
erfüllen. Ich werde dem Hund nicht nur »Platz!« beibringen.
Ich werde den Hund platzen lassen. Und dann kaufe ich
einen neuen Hund, mit dem ich das Ganze noch schneller
lerne. Ich werde eine neue Definition von »Platz!« einführen.
Die, bei der die anderen Frauchen vor Neid platzen. Dann

werde ich Platzwartin. So träumte ich letzte Nacht. Ich habe tatsächlich Albträume wegen der Hundeschule. Früher musste ich in meinen Albträumen das Abitur noch mal schreiben oder in der Philharmonie ein klassisches Gitarrenkonzert geben, obwohl ich nur Ukulele spiele. Heute träume ich, dass auf dem Hundeplatz alle Hunde perfekt an der Leine durch einen Parcours von Hindernissen gehen, während meiner sich losreißt und auf die Wippe kackt, während ich stammle: »Zu Hause konnte er das noch.«

Der Hund träumt auch. Seinen Schmatzgeräuschen nach von Leberwurst. Vielleicht träumt er auch, dass ich fluchend und mit dem Mittelfinger wedelnd andere Autofahrer andrängle, die vor der grünen Ampel bremsen, und er hängt mit wehenden Ohren aus dem Fenster und bellt: »Entschuldigung! Das macht sie sonst nie!«

Wieso macht man sich den Druck, im Nachhinein zu rechtfertigen, was gar nicht hätte passieren dürfen? Ist es klug, sich und anderen was vormachen zu wollen, nachdem man ausgerastet ist? Genau wie bei der Hundeerziehung sollte man lieber einschreiten, bevor die Impulskontrolle flöten geht. Daran werde ich arbeiten.

Und dann werden wir den Schäferhund überholen, ohne ihn einzuholen.

Entschuldigung, dass ich diesen Text mit einer DDR-Analogie begonnen und beendet habe. Das mach ich sonst nie.

Händeschütteln

Es werden wieder Hände geschüttelt. Man darf ja wieder. Und keiner fragt sich mehr, ob man soll oder, noch wichtiger, ob man will. Ich war früher eine passionierte Handgeberin, vor allen Dingen in den Neunzigern, als es in Berlin schick wurde, sich mit Küsschen-Küsschen zu begrüßen oder jeden, den man öfter als einmal getroffen hatte, zur Verabschiedung in den Arm zu nehmen. Ich wollte keine Spucke fremder Menschen an der Backe haben und fürchtete zudem, mir künftig auch noch merken zu müssen, wer gebusselt und wer lieber geknuddelt werden wollte. Da schien mir das gute alte, in der DDR nie aus der Mode gekommene Händeschütteln angenehmer und praktischer. Allein schon deshalb, weil Hände einfach geschüttelt werden und man nicht darüber nachdenken muss, ob die Berührung zu lang war oder man die Hand an einer unanständigen Stelle berührt hat. Bei der ersten Umarmung eiertanzt man herum, weil man sich eigentlich noch zu fremd ist, um sich so nah zu kommen. Damit beim Umarmen nicht Körper auf Körper klatscht, wünscht man sich Teleskoparme und beugt sich so weit nach vorne, dass es fast aussieht, als begegneten sich zwei Sumo-Ringer. Es kann aber auch sein, dass das Gegenüber keinerlei Berührungsängste hat und zuschnappt wie eine Venusfliegenfalle. Dann schlingt man die plötzlich überlangen Arme umeinander wie ein Krake und versucht krampfhaft, den eigenen Busen aus dem Weg zu halten. Wenn vier Brüste dabei aufeinandertreffen, wird das eine choreografische Herausforderung. Dockt man direkt an wie die Puffer zweier Güterwaggons oder zielt man mit einer Brust in die Mitte und parkt die andere außen? Und wenn ja: auf welcher Seite, rechts oder links?

Nein, Händeschütteln ist viel einfacher. Irgendwann hat man sich mal auf die Rechte geeinigt und dabei ist es geblieben. Man sagt, diese Art von Begrüßung habe in früheren Zeiten dazu gedient, dem Gegenüber mit offener Hand entgegenzutreten, was so viel heißen sollte wie: »Sieh her, ich bin unbewaffnet.« Die Menschen dieser Epoche wussten aber nichts von Keimen, Bazillen und Viren. Die richten heutzutage Schlimmeres an als Streitäxte, Schwerter oder Morgensterne, wobei mir mal einer erklären müsste, wie man so was in der geschlossenen Faust versteckt. Wahrscheinlich waren die Menschen früher nicht nur viel kleiner, sondern hatten auch viel größere Hände.

Wenn man Freiberuflerin ist und mit der Stimme arbeitet, heißt der Feind »grippaler Infekt«. Er lauert zwar auch auf Türklinken, aber nirgendwo ist die Konzentration von ansteckenden Keimen so hoch wie auf der menschlichen Hand, von der man nie weiß, wann sie zuletzt gewaschen wurde, und vor allen Dingen, wie viele andere Hände sie vorher berührt hat. Es gibt einen Grund dafür, dass die Queen nur behandschuht Leute begrüßt hat und man die Papsthand nur am Ring berühren darf, und das auch nur mit den Lippen. Spucke desinfiziert. Ach, wie herrlich war die Corona-Zeit!

Seit das Virus offiziell geghostet wird, lege ich mir aus Angst vor Ansteckung und dem damit verbundenen zweiwöchigen Verdienstausfall alle möglichen Ausreden zurecht. Nichts hilft. Anfangs probierte ich es mit: »Ich bin erkältet«, worauf mein Gegenüber meist entweder sagte: »Ich steck mich schon nicht an«, oder freudestrahlend ausrief: »Ich auch!« Dann versuchte ich: »Ich hab mich an der Hand verletzt.« Antwort: »Dann nehm ich die linke.« Geradezu fatal war der Satz: »Ich hab Arthrose und muss gleich auf der Bühne Ukulele spielen.« Folgeengagements blieben aus, weil man fürchtete, die Greisin mache es nicht mehr lange. Am schlimmsten aber war mein Bekenntnis: »Bitte nicht persönlich nehmen. Ich schüttele einfach nicht gerne die Hand.« Es war, als hätte ich gesagt: »Ich möchte dein Erstgeborenes, um mir daraus Suppe zu kochen.«

Inzwischen bin ich dazu übergegangen, die Handflächen aneinanderzulegen und mich höflich zu verbeugen. Prompt fragt man mich: »Angst vor Ansteckung?« »Ja«, könnte ich antworten und damit meinen: »So wie Sie aussehen, sind Sie sicher voller ekelerregender Keime und waschen sich die Pfoten nicht nach dem Klo.« Ich möchte nicht, dass mein Gegenüber denkt, dass ich das denke. Deshalb lüge ich. Die absurdesten Sachen kamen schon mit aneinandergepressten Handflächen aus meinem Mund: »Sorry, Superkleber. Dumm gelaufen«, »Meine Fitness-Uhr sagt, jetzt sei der perfekte Zeitpunkt für Brustmuskel-Work-out« oder, die Hände permanent aneinanderschlagend: »Gott, wie schön, dass wir uns treffen! Ich freu mich so! Nein, das gibt's doch gar nicht! Toll, toll, toll! Ich bin ganz aus dem Häuschen!«

Nur die eine, einzig wahre Antwort: »Mit Verlaub, das geht Sie nichts an« gebe ich nie. Das wäre unhöflich. Noch unhöflicher als die Nicht-Akzeptanz meiner Verweigerung und penetrante Nachfrage seitens meiner Mitmenschen. Warum darf nicht jede selbst wählen, wie sie andere begrüßen möchte? Wer weiß, was wir dabei alles verpassen: kleine Veitstänze, individuelle Jodler, filigrane Handzeichen, Fähnchen schwenken, sich mit dem Popo aneinanderreiben? Es gibt so viele Möglichkeiten, sich wahrzunehmen und zu respektieren. Erlaubt ist aber nur, was die Menschen gewohnt sind. Andernfalls sind sie irritiert. Um sie zurückzuführen auf sicheres Terrain, probiere ich jetzt: »Religiöse Gründe.« Das schafft Vertrauen. Künstlerinnen haben sowieso alle einen an der Waffel. Das weiß doch jeder.

Interview mit einem Stück Kohle

BRANDL *(ruft in die Dunkelheit)*: Hallo, sind Sie da?

STÜCK KOHLE *(wispert)*: Ich liege direkt neben Ihnen.

BRANDL *(erschrickt)*: Das ist aber auch finster hier unten ...

STÜCK KOHLE: Was haben Sie denn erwartet?

BRANDL: Dass ich meine extra gekaufte, teure Stirnlampe benutzen darf?

STÜCK KOHLE: Ich bin so helles Licht nicht gewohnt. Das blendet mich.

BRANDL: Aber so kann ich mir ja keine Notizen machen.

STÜCK KOHLE: Haben Sie kein Gedächtnis? Ich merke mir seit dreihundert Millionen Jahren alles, was um mich herum passiert.

BRANDL: Kunststück. Hier is ja auch nix los.

STÜCK KOHLE: Ja, gut, in den ersten 239 Millionen Jahren ging alles ziemlich langsam, aber grade jetzt, kurz bevor Sie kamen, brach hier die Hölle los: Menschen, Spitzhacken, Kanarienvögel, Krach, Maschinen, Explosionen! Und es ging alles so schnell: kaum hundert Jahre! Alles um mich herum änderte sich in rasender Geschwindigkeit. Die Erde bebte, mir wurde schwindlig, ich fiel zu Boden und als ich wieder aufwachte, war ein Loch, wo sonst Berg war.

BRANDL: Aber jetzt ist doch wieder Ruhe.

STÜCK KOHLE: Ja, ich hatte einen Wimpernschlag, um zu mir zu kommen und Zack!, sind Sie hier vor mir aufgeploppt.

Ich frage mich, was Sie von mir wissen wollen? Der Mensch hat doch das Innerste des Berges nach außen gekehrt. Ist da noch irgendein Geheimnis verborgen geblieben?

BRANDL: Ja, das ist mir jetzt ein bisschen peinlich.

STÜCK KOHLE *(süffisant)*: Ach ja? Sie interviewen ein Stück Kohle und genieren sich nicht, das in einem Buch zu veröffentlichen. Ich hätte nicht gedacht, dass Ihnen irgendwas peinlich ist.

(BRANDL scharrt verlegen mit dem Fuß im Kohlenstaub.)

STÜCK KOHLE *(besänftigend)*: Nur Mut. Denken Sie immer daran: Es gibt keine dummen Fragen. Nur dumme Interviewerinnen.

BRANDL: Haben Sie hier unten schon mal Zwerge gesehen?

STÜCK KOHLE: Nein, aber Berggeister. Gehört hab ich die.

BRANDL: Wie klingen die denn?

STÜCK KOHLE: Sie singen.

BRANDL: Vielleicht hören Sie nur den Wind, der durch den Stollen weht?

STÜCK KOHLE: So weit unten weht kein Wind. Alles ist fest. Kein Geräusch, kein Sonnenstrahl stört. Es herrscht absolute Stille und es umschließt einen wohlige Enge. Man kann schlafen wie ein Stein. Aber jetzt sind die Berggeister aufgewacht und sie sind wütend. Sie heulen, sie klagen, sie jammern um ihren verloren gegangenen Frieden. Den ganzen Tag zetern sie. Das kann einem wirklich den letzten Nerv rauben. Und dann der viele Platz um mich herum. Es ist nicht mehr wie früher.

BRANDL: Wieso gehen Sie dann nicht von hier weg?

STÜCK KOHLE: Wo soll ich denn hin?

BRANDL: Vielleicht etwas weiter nach oben im Berg. Da könnten Sie sich schön in eine Felsspalte zwängen.

STÜCK KOHLE: Hoch an die Oberfläche? Nein, danke. Ich hab gesehen, was Menschen mit Kohle machen.

BRANDL: Das ist nur, weil Sie so begehrt sind. Die Menschen nennen Sie »schwarzes Gold«.

STÜCK KOHLE *(lacht verächtlich)*: Gold, pah! ... Wenn Sie mich in Ruhe gelassen hätten, wäre ich ein Diamant geworden!

BRANDL: Tja, dafür ist es nun zu spät. Sind Sie sicher, dass Sie hierbleiben wollen? Ich könnte Sie mit nach oben nehmen.

STÜCK KOHLE: Und dann?

BRANDL: Dann bekommen Sie bei mir ein warmes Plätzchen am Kamin.

Hundemädchen

Das Erste, das mich die Leute fragen, wenn sie meinen Hund sehen, ist: »Mädchen oder Junge?« Und am liebsten würde ich antworten: »Weder noch. Das ist ein Hund.« Er ist auch keine »Maus«, »Prinzessin« oder »Pudeldame«. Die Menschen sind irritiert, wenn ich sage: »Der ist sechs Monate alt.« Als letztens wieder jemand mit runden Augen konstatierte: »Aber es ist doch eine Sie!«, und wahrscheinlich dachte: »Steckt sie ihre Welpin etwa in den falschen Körper?«, antwortete ich: »Ja, aber es ist auch ein Hund. Der Hund. In allererster Linie ist es ein Hund. Der macht nix, der will nur spielen, kacken, fressen und schlafen. Der will keine Kindersendung moderieren, kein Krönchen und kein rosa Jäckchen. Der ist ein weiblicher Hund, eine Hündin. Neunzig Prozent aller Vorlieben, Abneigungen und Tätigkeiten sind dieselben wie bei einem Rüden. Sie ist ein bisschen kleiner als ihre männlichen Kollegen, hat keinen Penis und kann Kinder kriegen. Genau wie ich. Und ich wurde, seit ich denken kann, über mein Geschlecht beurteilt. Ich bin so froh, dass man meinem Hund das nicht ansieht und bei der Frage »Junge oder Mädchen?« juckt es mich jedes Mal, zu nölen: »Keine Ahnung, Hund halt.«

Ach, wie schön hätte meine Kindheit verlaufen können, wenn man mir von klein an die Haare kurz geschnitten und dieselben Klamotten angezogen hätte wie meinem Bruder.

Man hätte mir nicht jeden Abend mit einer Drahtbürste an den widerspenstigen Haaren reißen müssen und ich wäre nicht vom Schäferhund gebissen worden, den ein alter Drecksack auf mich und meinen Freund Tommy gehetzt hatte, weil wir Äpfel klauten. Mein Freund watete durch den knietiefen Fluss bei der Obstwiese ans andere Ufer, wo er sich in einen Schuppen retten konnte. Ich stand wie blöde am Wasser und traute mich nicht rein, weil ich die neuen Lackschuhe anhatte. Ich konnte doch nicht die Lackschuhe nass machen! Der Schäferhund war wasserscheu und kam nicht hinterher, als ich blutend und vor Schreck dann doch reinfiel. Weil ich Mädchensachen trug, hatte ich nun beides: den Hundebiss und nasse Klamotten. Ob das Vieh eine Hündin oder ein Rüde war, merkte man der Wunde nicht an. Ich heulte und Tommy lachte mich aus, weil ich lieber die Schuhe als meine Haut hatte retten wollen. Als Mädchen kriegt man früh beigebracht, auf die Kleidchen und Schühchen zu achten. Jungs dürfen sich schmutzig machen. Mädchen steckt man in Rüschenkleider und wenn sie sich im Spiegel ansehen, sind sie eine eitle »Prinzessin«. Erwachsene Männer dürfen sie ungefragt antatschen und wenn sie nicht stillhalten, sind sie »eine eingebildete kleine Madame«.

Ich will nicht, dass jeder meinen Hund antatscht und dann als zickig bezeichnet, wenn er sich das nicht gefallen lassen möchte. Mein Hund soll Hund sein dürfen und sich zurückziehen, wenn jemand übergriffig wird. Mein Hund muss nicht jeden, der mich auf der Straße anquatscht, schwanzwedelnd begrüßen und ordentlich »Guten Tag« sagen. Er muss sich auch nicht brav bedanken, wenn ihm ein fremder Onkel einen Keks gibt. Ich wünschte, ich hätte knurren dürfen, wenn man mir ungefragt in die Wange kniff, wäre weggelaufen, als man mir einen Maulkorb anlegen wollte, und hätte das Stöckchen nicht zurückgebracht, nur um Erwachsene glücklich zu machen. Es wäre schön gewesen, hätte ich bei Frust, Langeweile oder zum Spaß mitten unter den Leuten etwas zum Zernagen, Zerbeißen und Kaputtmachen gehabt. Und wenn einer gefragt hätte: »Junge oder Mädchen?«, hätten meine Eltern vielleicht geantwortet: »Es ist ein Kind.«

Interview mit einer Wolke

BRANDL: Wie schön, dass Sie Zeit für mich haben.

WOLKE: Logo, kein Stress. Zeit ist ein menschliches Konstrukt. Mach langsam, entspann dich. Wenn du die erste Frage stellst, ist dein Ansprechpartner wahrscheinlich schon Vergangenheit. Wir sind eine offene Gruppe, weißt du? Ständig kommen und gehen welche.

BRANDL: Aus wie vielen Tröpfchen bestehen Sie denn?

WOLKE: Ist das so wichtig? Das hat sich bis zum Ende des Interviews doch sowieso wieder geändert. Das ist alles im Flow, verstehst du? Macht ihr da unten mal euer Zahlending. Wir leben in Formen.

BRANDL: Genau, das wollte ich schon immer mal fragen: Ist das Absicht, dass Sie manchmal wie ein Pferd, ein Schiff oder eine liegende Frau aussehen?

WOLKE: Was heißt Absicht? Das ist, was wir sind. Das ist, wie wir »sehen«. Ihr macht eure Bilder im Kopf über Fotorezeptoren in eurer Netzhaut. Wir reflektieren direkt, was uns begegnet. Wir sind Leinwand und Projektor zugleich. Das Auge des Himmels, Mann. Alles, was unter uns vorbeizieht, wird abgebildet.

BRANDL: Wirklich alles? Ich hab noch nie eine Tankstelle am Himmel gesehen.

WOLKE: Was groß ist, machen wir mit mehreren Wolken, die sehr weit auseinander liegen. Alter, schau mal, wie groß wir einen Pferdekopf bilden. Und jetzt stell dir im Vergleich dazu 'ne Tankstelle vor. Es ist alles da. Du siehst nur nich das große Ganze. Für den Petersdom haben wir die komplette Nordhalbkugel gebraucht. Viele Dinge sind nur für Sekunden zu sehen. Das hängt krass vom Wind ab. Die meiste Zeit kriegt ihr das aber einfach nicht mit, weil ihr dauernd auf Bildschirme starrt.

BRANDL: Wie fühlt sich das an, wenn man sich ständig ändert?

WOLKE: Gut fühlt sich das an: weich, leicht. High sein, frei sein, verstehst du? Wir lassen zu. Beurteilen nicht. Weniger fühlen, mehr sein, weißt du? Wir bilden ab ohne Wertung, behandeln alle gleich: Menschen, Tiere, Gebäude, Farben ... Deswegen nennt ihr uns ja »woke«.

BRANDL: Äh ... ich glaube, das ist ein Missverständnis. Es heißt »Wolke«, nicht »woke«.

(Wolke beginnt, sich in Schlieren aufzulösen.)

BRANDL: Bevor Sie gehen, noch eine Frage: Sitzt manchmal jemand auf Ihnen?

WOLKE: Nein, aber Vögel fliegen durch uns hindurch. Vor allem Stare, die fliegen ganz nah beieinander im Schwarm, um Greifvögel abzuhängen. Schlaue Wesen, diese Stare. Und sie haben so schöne Lieder.

BRANDL: Wovon handeln die?

WOLKE: Vom Wolkenkuckucksheim.

BRANDL *(sinniert)*: »Ja, Luftschlösser darf man bauen«, hat meine Schwiegermutter immer gesagt.

WOLKE: Das ist kein Luftschloss. Das war ein wunderschöner Ort, eine Stadt im Himmel. Die Vögel haben sie gebaut, um den Menschen den Kontakt zu den Göttern abzuschneiden.

BRANDL: Ist das nicht nur eine Komödie von Aristophanes?

WOLKE: »Nur« eine Komödie ... Du tust mir leid. Nimmst bloß wahr, was Licht reflektiert. Aber das Licht in deinem Geist, verstehst du, das glimmt nur ganz schwach. Deinem Hirn fehlen Gespinste zum Einkuscheln. Mal dir mal ein Wunschbild! Sei nicht bei der Sache! Mach mal 'n Plan für ein eckiges Kartenhaus in einer runden Seifenblase. Sei mal neben der Spur und verlier den Fokus. Ich wünsch dir eine schöne Kopfgeburt! *(Löst sich auf.)*

Sie hört nicht

Heute hatte der Hund einen schwarzen Fussel am Ohr. Als der Fussel sich bewegte, popelte ich ihn aus dem Fell. Unter der Lupe sah ich, dass es eine Zecke war, und wollte sie nach draußen tragen. Aber sie fiel mir genau an der Balkontür vom Finger. Nun weiß ich nicht, ob sie im Freien zwischen den Geranien auf mich lauert oder in den aufgesprungenen Fugen des Parketts ein Nest baut und dreitausend Eier legt.

Woraus bauen so winzige Zecken wohl ein Nest? Aus Flohhaaren? Gibt es überhaupt haarige Flöhe? Und was mach ich, wenn an den Flohhaaren noch Floheier kleben und aus dem Zeckennest dann auch noch Flöhe schlüpfen, die sich sofort mit den Zecken verschwestern und dann, ein Kampflied auf den Mundwerkzeugen, in geschlossenen Reihen aus den Parkettritzen krabbeln? Ich kann sie vor mir sehen, fest untergehakt, immer ein Floh, eine Zecke, ein Floh, eine Zecke, wie sie in Reih und Glied in Tausendschaften aus dem Wohnzimmerboden quellen: schwarze Blöcke auf hellbraunem Holz, die singen: »Vorwärts! Und nie vergessen, worin unsre Stärke besteht! Beim Saugen! Und beim Stechen! Vorwärts! Und nie vergessen: die Magenka-pa-zität!«

Vielleicht tragen sie so kleine Transparente mit den Slogans:

»Der Mensch zerstört die Erde – Zerstört den Menschen!«
»Wer ist hier der Schädling?«

»Wir sind hier! Wir sind laut! Weil ihr uns die Hunde klaut!«

»Blut für alle! Hunde für jeden!«

Auf Social Media rät mir jemand ungefragt: »Besorg dir Zeckentabletten für den Hund, dann hat der Spuk ein Ende!« Ich wende ein, die Zecken müssten aber zuerst vergiftetes Blut saugen. Nach der toxischen Henkersmahlzeit sterben sie dann und fallen ein, zwei Tage später ab. Vorher krabbeln sie aber noch Stunden durchs Fell auf der Suche nach der richtigen Tankstelle und kommen per Hundetaxi zu mir aufs Sofa. Ich bekomme zur Antwort: »Eine Tablette hält zwei bis drei Monate.«

Nun würde ich gern fragen: »Wo gibt es Tabletten, die bewirken, dass du genau liest, was ich geschrieben habe, und nur darauf antwortest?«

Aber das tue ich nicht, weil ich befürchte, die Person erwidert dann: »Es gibt die von verschiedenen Firmen und auch flüssig. Das ist super. Ich hab den Tipp von einer Tierärztin.«

Ich habe nämlich schon etliche solcher sinnlosen Dialoge geführt:

»Gibt es diese Hose auch in Größe 46?« – »Die ist super, die verkaufen wir viel.«

»Wie heißt der Film?« – »Der ist super. Ist vom Regisseur von *Alcatraz*.«

»Wie weit weg ist dieses Restaurant?« – »Du, das ist super! Ich hab den Tipp von einem Koch.«

Wenn ein Hund nicht tut, was man von ihm verlangt, heißt es: Er hört nicht. Manchmal stimmt das, weil der Hund grade lieber seinen Schwanz jagt, statt »Sitz!« zu machen. Manchmal liegt es aber auch daran, dass der Hund einfach nicht versteht, was man von ihm will, weil man sich unklar ausdrückt oder zu viele Worte macht: »So, schön ›Sitz‹! Na komm, los, ›Sitz‹! Mach ›Sitz‹! Du kannst das doch schon. Das ist super! Ich hab den Tipp von einem Rottweiler.«

Dem Hund ist das schnuppe. Er versteht nur: »Blablabla, Frauchen ist ganz aufgeregt über irgendwas, das ich nicht sehe. Am besten, ich mach mich auf die Suche danach, wo sie es versteckt hat. Dann ruft sie mich zu sich und wenn ich komme, krieg ich ein Leckerli. Dabei springe ich auf und ab und wedele mit dem Schwanz. Das ist super! Ich hab den Tipp von einem Hundetrainer.«

Einem Hund muss man klare Ansagen machen. Man hält ein Stück Käse in der Hand und sagt: »Sitz.« Dann probiert der Hund alles Mögliche aus, um an den Käse zu kommen: springt, schnüffelt, wedelt, bellt, macht Männchen. Irgendwann wird es ihm zu blöd und er setzt sich hin. Dann kriegt er den Käse und lernt erstaunt: »Ich muss gar nix machen, um die Beute zu kriegen. Ich werde fürs Nichtstun bezahlt.« Und das merkt er sich für sein ganzes Leben: »Sie will ›Sitz!‹. Sie kriegt ›Sitz!‹. Ich krieg Käse.«

Bei Menschen ist das komplizierter. Sie kommunizieren nicht. Sie teilen sich mit.

Im Fall der Zeckentablette kommentierte ich: »Hab ich schon.« Die Antwort kam prompt: »Gibt's leider nur auf Rezept beim Tierarzt. (Weinendes Emoji)«

Ich hab überlegt, ob ich die Userin »doglover2000« fragen soll: »Wie heißt du?« Vielleicht hätte sie geantwortet: »Das ist ein super Name. Ich hab den von meiner Mutter.«

Der Riss in meiner Person

Man hat mich gefragt, ob ich einen Text über Verrisse schreiben kann. »Und wie!«, habe ich gedacht und sofort zugesagt. Endlich einmal öffentlich zurückschlagen, wo man sonst still leidet, und sich wehren dürfen gegen all die ungerechten und falschen Dinge, die man schon über sich hat lesen müssen. Denn neben dem allererersten Show-Gesetz, wenn man im Business überleben will – »Beschwere dich niemals!« –, lautet das zweite, fast noch wichtigere: »Vor allem nicht über die Presse!« Eine Künstlerin, die gegen verzerrte Berichterstattung und falsche Zitate vorgeht, ist in den Augen der Öffentlichkeit eine verbitterte, und es gilt allenthalben der Grundsatz: »Getroffene Hunde bellen.«

Jetzt wollte ich den Schäferhund von der Leine lassen: »Ich zeig's den Schmierfinken!«, kläffte ich, aber dann kam der Chihuahua in mir hoch und winselte: »Was werden sie dann schreiben? ›Frau Brandl mag ja auf der Bühne witzig sein, aber ihr Verriss über Verrisse ist doch überraschend humorlos‹?«

Aber wissen Sie was? Ich habe keine Lust, mit meiner kreativen Kraft humoristischen Mehrwert aus der Schluderei der Journaille zu generieren. Humor ist nämlich Schwerarbeit. Vor allen Dingen, wenn man nicht der Versuchung erliegt, die klischeehaftesten Pointen zu servieren und das Publikum beim Lachen über den kleinsten gemeinsamen

Nenner zu vereinen: Frauen können shoppen und reden, aber nicht einparken, während Männer nicht zuhören, aber immer vögeln können, es sei denn, man legt ein Foto von Angela Merkel aufs Kopfkissen.

Ich bin eine gute Humorarbeiterin. Meine Themen sind weit gestreut. Ich singe, lese, erzähle, tanze, spiele verschiedene Instrumente und habe unterschiedlich große Brüste. Da ist für jeden was dabei. Daher habe ich noch nie einen richtigen Verriss bekommen, zumindest keinen guten, also lustigen. Seit Beginn meiner Karriere geht eine andere Art von Riss durch die Rezensionen meiner Auftritte.

Auf der Bühne drei Profis: zwei Männer und ich. Alle haben wir, wie man so sagt, »auf Pointe gearbeitet«. Meine Kollegen haben dabei Politikernamen erwähnt. Ich habe übers Gendern gesprochen. Mein Beitrag ist laut Presse »seicht«; die von den Kollegen »politisch«. Beim einen wird gelobt, wie viele Politiker er parodierte, beim anderen, dass die Pointen Schlag auf Schlag gekommen seien. Von mir heißt es, ich hätte über Brüste gesprochen und in seichten Gewässern gefischt. Das stimmt. Ich habe tatsächlich über meine Brüste gesprochen und meinen Handysucht-Song »Surfen aufm Klo« gesungen. Ist nicht gelogen. Aber man kann auch durch Weglassen lügen. Dass ich auch ernste Töne angeschlagen habe und den Mut hatte, mal zwei Sätze lang auf Pointen zu verzichten, um ein mir wichtiges politisches Statement zu setzen, wird verschwiegen. Vielleicht, weil Vergewaltigung und die Situation in Pflegeeinrichtungen nicht politisch genug sind. Merke: Politisch ist Kabarett nur, wenn man sich über Politiker*innen lustig macht. Ansichtssache. Ich bin der Meinung: »Das Private ist politisch und das Politische ist privat.« (Carol Hanisch)

Und dass man bei meinem wichtigsten Zitat die Hälfte weglässt, auch das ist politisch. Laut Presse antworte ich auf die Frage, warum ich als Frau auf die Kabarettbühne gehe: »Weil ich als Mann scheiße aussehe.« Mit diesem Satz endet der Bericht über mich. Weggelassen wird, wie ich danach sage: »Die nächste Frage ist dann immer: ›Wieso gibt es so wenig Frauen im Kabarett?‹ Die Antwort ist simpel: Neunzig Prozent aller Frauen sitzen bereits in führenden Positionen von Politik und Wirtschaft. Da bleiben keine übrig fürs Kabarett.«

Das ist nicht nur eine schlampige Rezension. Das ist symptomatisch. Ich erlebe seit über zwanzig Jahren, dass meine ernsteren Lieder, meine politischen Statements unerwähnt bleiben. Der Kampf um körperliche Selbstbestimmung und ein Recht auf ein Leben ohne Gewalt ist politisch. Der Kampf um Chancengleichheit im Beruf ist politisch. Für die Kritiker ist das bloß »Frauenkabarett«. Und im Frauenkabarett geht's qua Status quo um doofe Männer und Cellulite.

Wenn ich innerhalb einer Show von gut zwei Stunden neben Umweltverschmutzung über digitale Medien, Hundehalter, die AfD, Gendern und die Tücken der computergesteuerten Gastronomie in einem einzigen Satz erwähne, dass ich jetzt bis minus zwölf Grad draußen sitzen kann, ohne Heizpilz, steht in der Zeitung: »Sie sprach über Wechseljahre.« Das hat Methode. Und ich hab es satt.

Deswegen ist es so schwierig, diesen Text zu schreiben. Weil ich ihn aus der Opferperspektive schreibe. Mit meiner Kritik an der Kritik schwäche ich meine Position noch mal um Penisbreite.

Als Moderatorin von Mixshows habe ich in den letzten zwanzig Jahren eine Menge an männlichem Bühnenschaffen gesehen. Bei den jungen Kollegen geht es oft um die Freundin, die Mutti oder darum, dass man keine abkriegt, bei den älteren über Geburtsvorbereitungskurse und das Nicht-mehr-dreißig-Sein, und bei den noch älteren steht die Schilderung der eigenen Prostatavorsorgeuntersuchung, wie ich im Text »Herrenkabarett« beschreibe, ganz hoch im Kurs. Ich habe schon so viele lustige »Glück auf, der Steiger kommt!«-Nummern gesehen, dass ich das Gefühl habe, ich kann jede Prostata jedes Kollegen blind ertasten. Trotzdem lese ich in keiner Zeitung über »Herrenkabarett« oder »Männer-Comedy«.

Es geht ein Riss durch die Rezensionen über Männer und Frauen. Große Teile meiner Persönlichkeit werden abgerissen. Es wird so lange so viel weggezupft, bis nur noch übrig bleibt: Sie ist eine Frau. Und ich werde nicht aufhören, mich völlig humorfrei darüber zu beschweren.

Ich gebe erst Ruhe, wenn ich eines Tages folgende Kritik lese:

»In knappem Sakko und rotem Hemd, das über dem Bäuchlein spannt, betrat der Mittfünfziger die Bühne. Thematisch ging es ums Mannsein. Der untersetzte Kabarettist mit der barocken Figur und Halbglatze sprach über Erektionsprobleme und Unsportlichkeit. Großes Amüsement erreichte er damit vor allem bei seinen Geschlechtsgenossen. Aber auch die Damen der Schöpfung kamen auf ihre Kosten. Frech-frivoles Männerkabarett vom Feinsten. Man darf gespannt sein, welcher Kabarettist nächstes Jahr zum Herrentag die Bühne betritt.«

Wenn dieser Tag gekommen ist, spendiere ich dem Kollegen einen schönen großen Fisch und eine Zeitung zum Einwickeln.

Interview mit einer rosaroten Brille

BRANDL: Können Sie mich sehen?

ROSAROTE BRILLE: Klar und rosa! Und ich darf Ihnen sagen: Sie sehen fantastisch aus!

BRANDL: Oh, vielen Dank. Das hat mir schon lange keiner mehr gesagt.

ROSAROTE BRILLE: Sehen Sie, es ist alles eine Frage der Betrachtung!

BRANDL: Och, jetzt haben Sie das schöne Kompliment kaputt gemacht.

ROSAROTE BRILLE: Wieso? Es gibt keine absolute Wahrheit! Jedes Individuum nimmt die Welt anders wahr. Bienen erkennen die Farbe Rot nicht. Alles, was wir sehen, ist eine bloße Reflexion von Licht und was unsere Netzhaut daraus macht.

BRANDL: Stimmt. Wenn man es ganz genau nimmt, ist das Auge nur ein optischer Apparat. Das Bild, das wir von der Welt haben, entsteht im Gehirn.

ROSAROTE BRILLE: Ganz genau. Und dieses Bild kann man positiv oder negativ gestalten. Ich helfe den Menschen dabei, keine Schwarzseher zu sein.

BRANDL: Na ja, aber den Gestaltungsmöglichkeiten sind doch Grenzen gesetzt. Manche behaupten, Sie bringen die Menschen dazu, die Augen vor der Realität zu verschließen. Kritiker werfen Ihnen Eskapismus vor.

ROSAROTE BRILLE: Kritiker neigen zu Negativismus und Alkohol, ich zu einer positiven Sichtweise. Suchen Sie sich aus, was Sie für gesünder halten.

BRANDL: Sie sind ja äußerst selbstbewusst.

ROSAROTE BRILLE: Natürlich! Genau darum geht es doch: Vertraue auf dich selbst und sieh die Dinge positiv.

BRANDL: Was ist mit Krankheit, Krieg, Tod? Glauben Sie nicht, es gibt Schicksale, die so schlimm sind, Leid, das so groß ist, dass sich jede Schönfärberei verbietet?

ROSAROTE BRILLE: Glauben Sie nicht, jeder Schmerz, jeder Verlust verträgt einen sanften transparenten Schleier? Dass er ein klein wenig, ein elfenflügeldünnes bisschen weicher wird, wenn man einen hauchzarten Farbfilm darüberlegt, der das grelle, kalte Licht des Schreckens etwas dimmt? Schauen Sie: Leben ist Leiden. Fast alles, was wir tun, ist Schadensbegrenzung. Wir sind sehr erfinderisch, wenn es darum geht, das allgegenwärtige Unheil ein wenig abzumildern, weil wir zugrunde gingen, wenn wir all das Leid in der Welt ungefiltert aufnähmen. Manche verkaufen psychedelische Drogen, manche setzen profitable Lügen von optimiertem Leben, bedingungsloser Liebe oder der glücklichen Seele im perfekten Körper in die Köpfe trauriger Menschen. Ich ermögliche lediglich eine neue Sichtweise. Meine Methode ist nicht wissenschaftlich bewiesen, aber sie wirkt. Hilft sofort, kostet nichts, macht nicht dick und ist gut für die Umwelt.

BRANDL: Mal eine andere Frage: Wie wird man eigentlich eine rosarote Brille? Waren Sie schon immer rosa? Oder haben Sie als Sonnenbrille angefangen?

ROSAROTE BRILLE: Liebe Frau Brandl, ich mag vielleicht naiv erscheinen, aber verarschen kann ich mich alleine. Also, wenn Sie keine ernst gemeinten Fragen mehr haben? *(Legt sich ins Etui und greift mit dem Bügel schon mal nach oben.)*

BRANDL: Wer sind Ihre Vorbilder?

ROSAROTE BRILLE: Pippi Langstrumpf. Die macht sich die Welt, wie sie ihr gefällt! Und natürlich alle frisch Verliebten. *(Kuschelt sich ein und schließt sacht den mit Samt ausgekleideten Deckel.)*

BHs

Ich habe mich letztens hingesetzt und überlegt, was mir im Leben wichtig ist. Und ich habe festgestellt: gar nichts. Mit zunehmendem Alter sind mir viele Dinge egal. Es interessiert mich zum Beispiel überhaupt nicht, ob Helene Fischer schlimmer oder anders schlimm ist als Andrea Berg. Ob meine Mitmenschen vor, während oder nach (und wenn ja, wie lange nach) irgendeiner Fußball-Meisterschaft ihre Autos mit Fähnchen schmücken und bei jedem Freistoß ein Hupkonzert veranstalten, is mir wurscht. Obwohl ich gerne mal beim Eiskunstlauf-Gucken während der Wertung das Fenster aufreißen und aus vollem Hals »Zehn Punkte in der A-Note! YEEESSSS!« grölen möchte, nur um zu sehen, ob dieselben Menschen mich dann entgeistert anstarren oder wegen Ruhestörung anzeigen würden. Tatsächlich, und merkwürdigerweise, denke ich über so was aber viel seltener nach als über die Frage, ob ich jetzt, da sich meine tapferen, aber auch stolze achtundfünfzig Lenze zählenden Möpse gen Südpol neigen, ohne BH im Schlabbershirt zum Bäcker gehen kann. Das ist eine müßige Frage, denn ich bin mir ziemlich sicher, dass kein Mann, dessen Meinung für mich in sexueller Hinsicht zählt, mich überhaupt sieht. Selbst wenn ich beim Bahnhofsbäcker in der Auslage zwischen den Brötchen läge und sich meine entspannten, seitlich liegenden Brüste zärtlich an Hörnchen und süße Rosinenschnecken schmiegten, würde der davorstehende Mann, der sich jeden Morgen auf dem Weg zur Frühschicht am Bahnhof einen Kaffee und ein Mettbrötchen holt, wahrscheinlich nur denken: »Da liegt ja 'ne alte Frau.« Vielleicht würde er die ebenfalls noch verschlafene Verkäuferin fragen: »Is det Ware vom Vortag?« Natürlich kann diese Szene nur in Berlin spielen, denn ebendort sah ich im Schaufenster einer Bäckerei das Schild, das auch gut als Überschrift zu meinem Dekolletee passen würde: »Nicht von heute, aber lecker!«

Worüber mache ich mir also Sorgen? Wieso nehme ich sofort Haltung an, beziehungsweise verschränke die Arme vor der un-BH-ten Brust, sobald ein Männchen den Raum betritt? Egal wo. Egal wer. Selbst wenn es ein altes, hinkendes Männchen mit nur einem Zahn im Mund ist, geniere ich mich dafür, nicht präsentabel zu sein, wenn ich ihm gegenübertrete. Ob im Biergarten, an der Tanke oder im Regionalexpress: Ich fürchte das abschätzige Urteil von Menschen, die mich nicht sehen und die ich ebenfalls nie wieder sehen werde. Zu Hause trage ich ein haferschleimfarbenes T-Shirt, in dem man zelten, argentinischen Tango tanzen und eine Koalabärenfamilie großziehen kann, und dazu Clownshosen. Als ich im Sommer mit dieser hochmodernen blau-weiß längsgestreiften Stoffhose angekommen war, hatte mein Mann kommentiert: »Sehr schön, Schatz. Jetzt brauchste nur noch 'n Paar große rote Schuhe und 'ne Glatzenperücke.«

Trotzdem mute ich dem Mann, den ich liebe, diesen Anblick zu. Und für den Wokkoch beim Asia-Imbiss zwäng ich mich in ein kratziges Spitzengeschirr mit Metallbügeln. Obwohl ich da nie die Jacke ausziehe und er mir die meiste Zeit den Rücken zudreht.

Früher, als mein jugendliches Dekolletee keine Stütze brauchte, trug ich den BH als Zeichen des Erwachsenseins und weil frau das eben so machte. Wer die Glocken frei schwingen ließ, war ein Flittchen. Manchmal sah ich Frauen über vierzig, deren Nippel zügellos hingen, und zwar fast bis zum Ellbogen. »Widerlich!«, krähte mein achtzehnjähriges Ich: »Wie kann man sich nur so selbst überschätzen? Sagt ihr denn keiner, wie unästhetisch das aussieht?« So dachte ich, denn ich war jung und dumm und wusste ja nicht, wie es sich anfühlt, wenn es wirklich zwei schwerwiegende Gründe für das Tragen eines Büstenhalters gibt. Wenn der wirklich was halten muss. Circa 600 Gramm pro Seite bei mir. Ja. Ich hab's gewogen. Das machen alle Frauen irgendwann. Und dann prahlen sie damit bei geheimen Treffen, bei denen auch eure Penislängen diskutiert werden. – Zack! Schon wieder richte ich mich an Männer. Eins ist klar: Ich mach mir darüber zu viele Gedanken. Glaubt ihr, dass der Mann, der mir im Regionalexpress gegenübersitzt, darüber nachdenkt, ob das mein ästhetisches Empfinden stört, wie er mir da, mit weit gespreizten Beinen, sein Päckchen präsentiert? In hauchdünnen, hellbeigen Leinenstoff verpackt? Vielleicht war es mal prall gefüllt wie ein Nikolaussack, aber jetzt ist die Luft raus, und dass die Hosennaht mitten hindurchgeht wie bei der Teilung des Meeres in zwei Hälften, macht es nicht unbedingt besser.

Obwohl sie auch paarweise auftreten, unterliegen Hoden, im Gegensatz zu Brüsten, keiner Formvorgabe. Wenn man bei Google »Brustfehlbildung« eingibt, erscheinen Dutzende von Websites von Schönheitskliniken, auf denen in Schaubildern die sechs anerkannten »Brustformen« zu sehen sind: zu klein, zu groß, zu tubenförmig, zu hängend, normal und asymmetrisch. Letztere trägt die schaurig-schön krank klingende Bezeichnung Anisomastie, obwohl ich keine einzige Frau kenne, die exakt gleich große Brüste hat. Sucht man im Internet nach »Hodenfehlbildung« korrigiert die Suchmaschine auf »Hirnfehlbildung«. Dabei gibt es jetzt, auch für den auf Wohlgeformtheit bedachten Herrn, Hoden-Implantate aus Silikon. Also werde ich bei der nächsten Super-Breitbein-Konfrontation im öffentlichen Nahverkehr vielleicht einfach hingehen und mit einem Blick in den Schritt sagen: »Glückwunsch, das sieht richtig natürlich aus.«

Queen of Stöckchen

Ich übe mit dem Hund alleine sein. Es ist abends, die Pudelin liegt entspannt auf ihrem Platz. Ein guter Zeitpunkt, um mit dem Training anzufangen, meine ich und lege das Handy weg. Sofort hebt sie den Kopf. Ich nehm das Handy wieder auf. Sie legt den Kopf wieder ab.

»So geht das nicht«, denke ich. Der Hund weiß ganz genau: Wenn Frauchen das Handy weglegt, geht irgendwas los. Solange sie mit der Nase am Bildschirm klebt, passiert gar nichts. Kann man sich ablegen. Das dauert. Wie versteinert ist die dann, bewegt sich kein Stück. Kein Grund für hektischen Aktivismus. Kontrollier ich im Halbschlaf. Und dann denke ich: »Huch, jetzt denke ich schon in ihren Worten.« Es ist so weit: Ich spreche für den Hund. Dabei hatte ich mir geschworen, nie eine von denen zu werden, die, nach dem Namen des Tieres gefragt, antworten: »Ich bin der Lumpi und ich bin ein Labrador-Schnauzer-Mischling.« Und jetzt ertappe ich mich dabei, wie ich, wenn der Hund aufgeregt unterm Kneipentisch rumwuselt, beim Bezahlen sage: »Ja, das war jetzt auch lang für dich, gell? Och, immer muss man so lange rumliegen und darben, während die Herrschaften sich ein Bierchen nach'm andern reinziehen. Ja, wir gehen ja gleich!«

Dabei sagt jeder Hundetrainer, man solle nicht so viel reden, das arme Tier nicht zutexten. Es verstehe sowieso nichts. Reden bedeute für den Vierbeiner nur, dass er Aufmerksamkeit bekommt. Dass gleich irgendwas losgeht. Und deswegen ist Reden, wenn man will, dass der Hund ruhig bleibt und sich entspannt, genau das Falsche. Ignorieren solle man ihn. Gar nicht hingucken, wenn man aus dem Zimmer geht, und einfach so tun, als sei das völlig uninteressant, wenn Frauchen das Haus verlässt, weil sie ja eh wiederkommt. Daran muss man sich gewöhnen als Mensch. Vielleicht sollte ich das erst mal selber üben; sollte mitten in der fröhlichen Feierabendbierrunde aufstehen, die Jacke vom Stuhl schnappen und kommentarlos die Kneipe verlassen. Wenn am nächsten Morgen eine SMS käme mit dem Text: »Was war denn gestern los? Wieso bist du einfach gegangen?«, schriebe ich zurück: »Kein Grund zur Panik. Ich komm ja nächsten Donnerstag wieder.«

»Du hättest doch wenigstens Tschüss sagen können«, würde meine Freundin vielleicht antworten und dann hätte ich Angst, dass auf meine Frage: »Wärst du dann nicht traurig gewesen, dass ich gehe?«, nur noch die drei Punkte zurückkommen.

Nein, ich muss direkt ran ans Tier. Das Blöde ist, dass ich zu viel mit meiner Pudeline zusammen war. Das ist nämlich das richtig Blöde an der Hundeerziehung. Dass zuerst alle sagen, man muss richtig viel Zeit mit dem Hund verbringen. Da reicht nicht sechsmal am Tag Gassi gehen. Der Hund will beschäftigt werden, und zwar nicht nur mit einem öden Bällchenspiel, sondern mit anspruchsvollen, abwechslungsreichen Mensch-Hund-Interaktionen, damit eine Bindung entsteht. Ja, die hab ich jetzt. Ich habe eine so intensive Bindung an meine Pudelin, dass sie nicht mehr ohne mich sein will.

»Sei attraktiver als ein Eichhörnchen!«, ruft es permanent aus Hundetrainermund. Bei allem, was nicht klappt: ob der

Hund an der Leine zerrt, Vögel jagt oder Froschinnereien vom Boden frisst, lautet die Lösung: »Du musst halt spannender sein als alles andere.« Das bin ich jetzt. Ich bin für meinen Hund das Zentrum der Welt, der Star der Eichhörnchen, the Queen of Stöckchen und rieche besser als Dackelkacka. Wieso soll sie allein zu Hause bleiben wollen, wenn der Wanderzirkus weiterzieht?

Der Wanderzirkus will mit seinem Partner, dem Spieleparadies, aber vielleicht auch mal ins Kino, zur Partner-Zahnreinigung oder Vorräte einkaufen. Das machen Eichhörnchen so.

Nun muss ich das arglose Wesen, das ich mit viel Zeit und Trainingsaufwand fest und eng an mich gebunden habe, langsam losknoten. In sehr kleinen Schritten muss ich ihm signalisieren, dass eine Bindung auch auf Distanz möglich ist. Bei Menschen sind Fernbeziehungen normal. Bei Hunden eher nicht. Man riecht sich so schlecht, wenn der eine Popo in Hamburg und der andere in Saarbrücken ist.

Deswegen gehe ich erst mal nicht so weit weg, sondern nur bis zum Briefkasten. Zwanzigmal hintereinander hole ich Jacke und Schlüssel, gehe die Treppe runter und zur Tür raus und zehn Sekunden später wieder rein. »Siehst du? Es ist nichts passiert, ich bin zurückgekommen«, sage ich in Gedanken. Aber es kommt kein Laut aus meinem Mund und ich blicke ohne Mienenspiel wie Buster Keaton an ihr vorbei, während sie fiepend an mir hochspringt. Martin Rütter sagt, das muss man so lange machen, bis der Hund nicht mehr aufsteht und einem zur Tür folgt. Beim einundzwanzigsten Mal hat das geklappt. Beim zweiundzwanzigsten Mal ist sie wieder aufgestanden und mir gefolgt. Danach war ich so fertig vom Treppensteigen, dass ich am nächsten Tag das Training wegen

Muskelkater ausfallen lassen musste. Vielleicht hat Martin Rütter einen Werbedeal mit einem Fitnesscenter.

Den ganzen Tag lag ich mit Pudel auf dem Bauch auf dem Sofa und unser winziger Trainingseffekt war Geschichte. Morgen fange ich mit dem Handytraining an. Wenn ich es schaffe, das Handy zwanzigmal hintereinander nicht vom Tisch aufzuheben, wenn es fiept, sind mein Hund und ich auf demselben Level und können gemeinsam das Training wieder aufnehmen.

Interview mit einer Kommode

BRANDL: Vielen Dank, dass Sie heute mit mir übers Verrückt-Sein sprechen.

KOMMODE: Tja, es kommt nicht oft vor, dass ich zu einem Thema viel sagen kann. Ich bin ja eher jemand, der aufnimmt. Aber was das Verrückt-Werden angeht, bin ich wohl mittlerweile eine Expertin.

BRANDL: Erzählen Sie doch mal: Wie oft wurden Sie denn schon verrückt?

KOMMODE: Ach, ich habe aufgehört zu zählen. Man muss wissen, meine Besitzerin ist eine alte Dame, die eine fast manische Möbelrückerin ist. Alle vier Monate stellt sie um.

BRANDL: Erstaunlich. Man sollte glauben, ab einem gewissen Alter hätte man sich endgültig eingerichtet.

KOMMODE: Da geht es weniger um Raumgestaltung. Es ist vielmehr eine Charakterfrage, wenn nicht eine Frage der geistigen Gesundheit. Diese Dame ist von einer permanenten Unruhe befallen und kann sich einfach nicht zufriedengeben.

BRANDL: Ich hätte erwartet, dass mit einer gewissen Reife und Lebenserfahrung auch eine größere Gelassenheit einhergeht.

KOMMODE: Oh, da irren Sie sich gewaltig. Die Fremdbestimmtheit nimmt zwar zu, aber die Unzufriedenheit darüber nicht ab. Wissen Sie *(schiebt knarzend die oberste*

Schublade einen Spalt auf), die Dame, bei der ich stehe, kann nicht mehr viel entscheiden, aber innerhalb ihrer vierzig Quadratmeter ist sie die Alleinherrscherin. Sie kann zwar ihr Leben nicht mehr umstellen, aber immer noch die Möbel.

BRANDL: Ist das nicht schwierig? So eine gute, solide Vollholzkommode wie Sie ist doch sauschwer.

KOMMODE: Ach, sie glauben ja gar nicht, wie einfallsreich der Mensch wird, wenn er seinen wirren Sturkopf durchsetzen will. Die alte Lady stemmt sich mit der Schulter gegen mich. Es reicht ja ein guter Zentimeter, um mir ein Stück ollen Filz unters Bein zu schieben. Das macht sie mit allen vier Beinen. Und dann schiebt sie mich Millimeter für Millimeter durchs Wohnzimmer. Alle paar Zentimeter macht sie eine Pause. Das dauert manchmal Tage. Sie hat ja Zeit.

BRANDL: Faszinierend.

KOMMODE: Ich würde eher sagen: durchgeknallt.

BRANDL: Finden Sie es nicht bewundernswert, dass die schwache Hochbetagte ihren Willen nach Gestaltung nicht aufgibt und so hartnäckig ihr Ziel verfolgt?

KOMMODE: Das klingt so nach Glücksritterinnentum. Schön wär's. Aber diese Frau wird niemals glücklich sein. Sie wird niemals fertig sein, weil sie immer denkt, es könnte irgendwie noch besser werden. Sie schindet und quält sich, dabei hat sie drei Söhne, die ihr mit Freuden zur Hand gehen und das Zimmer genau so einrichten würden, wie sie es haben möchte. Man kann es ihr aber nicht recht machen, weil sie den Zustand der Unzufriedenheit zum Lebenselixier erhoben hat. Sie ist süchtig nach Problemen, für die es keine Lösung gibt. Das nenne ich nicht bewundernswert. Das nenne ich verrückt.

BRANDL: Immerhin ist es für Sie doch bestimmt eine schöne Abwechslung, mal in einer anderen Ecke des Zimmers zu stehen. Ich habe neulich eine Schwarzkiefer interviewt, die sehr unglücklich mit ihrem Standort war. Und die muss nun für immer dort bleiben.

KOMMODE: Sie wissen schon, dass ich eine Entwicklungsstufe höher stehe als ein Baum?

BRANDL: Ja, natürlich. Entschuldigen Sie bitte.

(KOMMODE schweigt und zieht ruckelnd die Schublade zu.)

Geburtstagshund

Im Mai habe ich Geburtstag und ich überlege, ob ich mir einen Tag hundefrei wünsche. Einfach wegfahren und einen Ausflug machen. Ins Erlebnisbad gehen, schick essen, ins Museum und abends ins Kino. Lauter Dinge, die ohne Hund plötzlich wieder möglich wären. Sofort meldet sich aber mein schlechtes Gewissen. Schließlich hab *ich* den Hund gewollt. Er sollte mein treuer Begleiter sein. Und nun soll er, bloß weil ich Geburtstag habe und einmal im Jahr einen Tag Ruhe möchte, zurückstecken? Weg sein? Mir nicht gratulieren dürfen? Kein Geschenkpapier zerfetzen und so tun, als sei das ein stinknormaler Tag, an dem er die Nummer eins in meinem Leben ist?

Ich schäme mich. Aber ich weiß nicht genau, wofür? Dafür, dass ich einen Tag lang tun möchte, was ich will? Und was will ich denn? Ein Leben ohne Hund?

Auf gar keinen Fall! Also überlege ich, wie ich den hundefreien Tag in einen Tag mit einem hundegerechten Ausflug umgestalten kann. Ein Tag, an dem wir beide, der Hund und ich, machen können, was wir wollen. Mal sehen: Der Hund möchte einen großen Teil des Tages dösen und in der restlichen Zeit am liebsten alles fressen, was ihm vor die Nase kommt. Das klingt doch nach einem guten Plan. Und ich möchte mal einen Tag lang frei sein von Verpflichtungen. Und wer weiß: Vielleicht will der Hund das auch? Mal einen Tag ohne Frauchen? Ohne »Sitz!« und »Platz!« und »Bleib!« und

»Geh auf deine Decke!«. Wieso soll man überhaupt immer auf seine Decke gehen? Auf der langweiligen Decke passiert nie irgendwas Interessantes. Und es gibt da draußen eine ganze Welt voller spannender Dinge, die krabbeln, rascheln, schmecken, herrlich stinken, ja sogar durch die Luft flattern! Ohne Frauchen kann man so viel mehr erleben: Mal ohne Halsband und Leine einfach da hinspringen, wo es einem passt! Halb verweste Mäuse fressen und sich nicht einmal das Maul mit der Pfote danach abwischen. Apropos »abwischen«: Wäre es nicht schön, sich einmal nicht morgens mit einem feuchten Tuch an den verkrusteten Augen rumrubbeln lassen zu müssen? Das Maul nicht aufzumachen zur Zahnkontrolle und kein Pfötchen geben zu müssen, damit nachgeschaut wird, ob sich zwischen den Krallen irgendwas verfangen hat? Nicht gebürstet werden! Vor allem nicht am Bauch! Wäre das nicht das Größte? Sich einmal einen ganzen Tag lang wie ein Schäferhund zu fühlen und einfach Haare zu verlieren. Wen schert's, wo die hinfallen oder wer die wegmacht?

Stattdessen könnte man den ganzen Tag jagen. Am liebsten Sachen, die durch die Gegend fliegen, und am liebsten ungefähr knapp einen halben Meter über dem Boden, damit man sie gut sehen kann. Und dann sollen sie liegen bleiben und nicht mehr weghüpfen, damit man sie auch kriegt. Frauchen kann das besonders gut: Die Sachen so werfen, dass sie ausreichend schnell, aber langsam genug sind, dass man sich wie eine gute Jägerin fühlt. So denke ich, dass der Hund denkt. Aber in Wahrheit denkt der Hund nicht. Für den Hund ist es selbstverständlich, dass ich da bin. Weil ich immer da war. Und als ich noch nicht da war, waren da seine Geschwister und die Mutterhündin. Der Hund war noch nie allein und ich will auch nicht alleine sein. Ich wünsche mir einen Ausflug an einen Ort, an dem ich den Hund bedenkenlos springen lassen kann. Wo der Hund frei ist und tun kann, was immer er mag, solange es ihm nicht schadet. Und weil uns beiden schlecht davon wird, wenn wir wirklich alles essen, was reinpasst, lassen wir das lieber. Wir schmeißen auch die Hundebürste nicht weg, weil das Pudelfell ungebürstet mit der Zeit verfilzt und wir dem Hund dann eine Ganzkörperglatze schneiden müssen. Und ich werde weiterhin Ohren, Zähne und Krallen kontrollieren, weil der Hund nun mal nicht sagen kann, wenn ihm was wehtut, und ich nur so rechtzeitig mitkriege, wenn was klemmt, stinkt oder schmerzt. Aber es muss nicht immer alles jeden Tag sein. Der Hund und ich müssen lernen, dass wir nicht immer an erster Stelle kommen. Zum Beispiel, wenn ich mal zum Zahnarzt muss. Das muss ich alleine machen, obwohl ich gerade da gerne meinen Hund im Arm hätte. Ich würde ihn mir vors Gesicht halten und sagen: »Schauen Sie mal! Der hat die Zahnreinigung doch bestimmt nötiger als ich. Der frisst den ganzen Tag Dreck vom Boden.« Womöglich würde dem Hund die Maulschau auch gar nicht so viel ausmachen wie mir. Denn erstens ist er daran gewöhnt und zweitens will der Hund im Wesentlichen eins: bei mir sein. Dafür nimmt er einiges in Kauf. Und an meinem Geburtstag darf er das auch. Er wird nach einem langen Ausflug ins Grüne auf mir liegen, zufrieden schnaufen und zärtlich meine Hand ins ungewaschene Maul nehmen. Und ist das nicht ein wunderbares Geburtstagsgeschenk? Dass zwei Lebewesen unterschiedlicher Spezies sich so sehr vertrauen, dass das eine sich das andere als Schlafplatz wählt und dieses ihm furchtlos die Hand ins Maul legt? Nur eins könnte schöner sein: ein Ausflug ins Museum mit essbaren Wurstskulpturen.

Prost, Plattitüden!

Jedes Jahr zu Silvester glauben wir, an einer Schwelle zu stehen. Wir bilden uns ein, Neuland zu betreten. Ein Frischegefühl mit Aprilduft wie in der Waschmittelwerbung wird herbeigesehnt und kurz bevor man ins neue, noch nach Verpackung riechende Jahr schlüpft, gibt man sich besinnlich, versucht, dem alten Jahr auf den letzten Drücker noch etwas Gutes abzugewinnen, und pickt die positiven Erlebnisse wie Rosinen aus dem dezemberlichen Christstollen.

Nennt mich eine alte Zynikerin, aber ich glaube nicht an einen Neustart. Ich glaube, wir sind alle permanent mittendrin. Das Beste, was wir erwarten können, ist Veränderung. Und die passiert permanent. Alleine schon dadurch, dass Zeit vergeht und wir älter werden. Vorausgesetzt, man geht von einem linearen Ablauf der Zeit aus. In einem anderen Universum und zehn Jahre später, wenn das Beamen und das Einkreuzen von Krokodil-Genen erfunden wurde, lachen wir vielleicht über dieses Silvester, essen Schokolade, ohne Zähne zu putzen, sehen zu, wie uns die Schneidezähne nachwachsen, und verschwinden mit einem leisen Schmatzgeräusch auf die Venus.

Eins kann man auf jeden Fall sagen: So ein Jahr wie 2023 hatten wir, nachdem endlich Licht am Ende des Corona-Horizonts erschienen war, nicht erwartet. Bisher waren wir drinnen sicher gewesen. Nachdem wir auf so vieles hatten verzichten müssen, sollten wir nun in unserem Zuhause auf Sparflamme leben. Wir alle hatten genug von Angst und Beschränkung. Wir wollten eine Pause. Eine Pause von schlechten Nachrichten. Aber Krieg, Krankheit und Kummer, diese drei unheiligen Beherrscher der Welt scheren sich einen Dreck um Mitternacht. Sie machen einfach weiter. Und ich mache es auch so: immer ein Tag nach dem anderen. Denn umgekehrt wäre es sehr unpraktisch: Dann müsste ich an Silvester rückwärts in der Zeit gehen und das inzwischen verdorbene Festtagsmahl vom ersten Weihnachtsfeiertag essen. Ich weiß, das sind wirre Gedanken, aber es sind auch wirre Zeiten. Es gibt wenig Sicherheit in diesen Tagen. Wenn wir ehrlich sind, gab es die noch nie. Wir leben im Dschungel und das Leben ist zerbrechlich. Was ich kontrollieren kann, ist das, was ungefähr eine Armlänge von meiner Nasenspitze entfernt ist. Und in diesem kleinen Kosmos kann ich eine Menge Unfug anstellen. Ich kann mich auf die Bühne stellen und die Menschen zwei Stunden lang ablenken, der Frau aus dem Callcenter meines Mobilfunkanbieters, die mir seit Jahren auf die Nerven geht, einen schönen Tag wünschen, anstatt einfach aufzulegen, die alten Wachsmalstifte rauskramen und bunte Kringel auf die Zeitung krakeln oder mich hinsetzen, schweigend aus dem Fenster blicken und den Amseln dabei zusehen, wie sie unbeirrt hüpfen, sammeln, Nester bauen. Und ich kann sagen: Jedes Jahr ist das beste, denn es ist das, in dem wir am Leben sind. Insofern hat jedes Jahr, dessen Ende wir erleben, alles gegeben: Wir sind noch da. Sie lesen meinen Text. Wir sind miteinander verbunden. Stoßen wir an auf das neue Jahr, am besten jeden Tag: ein Hoch auf das einzige Leben, das wir haben! Auf Plattitüden, die das Leben leicht und die Menschen gleich machen, weil wir uns alle auf sie einigen können. Einigkeit vermisse ich. Und Hanns Dieter Hüsch, wie er am Ende seiner Show sagt[*]: »Zusammen. Das ist das Glück.«

---

[*] Hanns Dieter Hüsch: *Text V*. In: Ders., *Und sie bewegt mich doch!*, Intercord 1994, CD 2.

Interview mit einer Ukulele

BRANDL: Klären Sie mich auf: Was kann man mit einer Ukulele spielen?

UKULELE: Na, Sie haben sich ja bestens vorbereitet.

BRANDL: Immerhin weiß ich, dass Ukulele auf Hawaiianisch »Hüpfender Floh« heißt. Ein niedlicher Name für ein süßes, kleines Instrument.

UKULELE: Eine Bach Trompete ist auch klein. Trotzdem spielt sie in einem Barockorchester eine wichtige Rolle.

BRANDL: Aber ich würde eine Bach-Trompete keinem Kind in die Hand drücken.

UKULELE: Wollen Sie sagen, ich bin ein Kinderspielzeug?

BRANDL: Na, solange das Kind für eine Gitarre noch zu klein ist?

UKULELE: Dann soll das Kind mit der Rassel spielen. Eine Ukulele ist keine Kindergitarre!

BRANDL: Nein?

UKULELE: Ich weiß nicht, warum ich überhaupt mit Ihnen spreche.

BRANDL: Vielleicht, weil Sie sonst nicht viele Interviewanfragen bekommen?

UKULELE: Das liegt nur daran, dass Leute wie Sie glauben, wir seien kein richtiges Instrument, sondern nur kleine Gitarren. Ein Riesenmissverständnis!

BRANDL: Worin liegt denn der Unterschied?

UKULELE: In der Anzahl der Saiten, der Stimmung ...

BRANDL: Aber Sie haben denselben Korpus, Hals, dieselbe Saitenaufhängung, Spielweise ...

UKULELE: Die Ukulele ist ein eigenes Saiteninstrument und hat verschiedene Größen wie Sopran-, Konzert-, Tenor-, Bariton- und Bass-Ukulele. Eine Geige hat auch nur vier Saiten und man kann sie zupfen. Trotzdem würden Sie die nicht als kleine Gitarre bezeichnen.

BRANDL: Aber eine Geige spielt man doch eher im Konzertsaal als am Lagerfeuer.

UKULELE: Und sie brennt auch länger als eine Ukulele. Sie haben wirklich gar keine Ahnung von Musik, oder?

BRANDL: Wieso sind Sie denn so aggressiv?

UKULELE: Wie würden Sie denn reagieren, wenn ich Sie fragte, was man als Interviewerin denn so alles interviewen kann, und behauptete, Interviews seien nur niedliche Miniaturausgaben von richtigen Texten?

BRANDL: Ich würde antworten, dass mich das nicht kümmert, weil ich meinen Beruf liebe.

UKULELE: Ukulele sein ist aber kein Beruf, sondern was ich bin. Sie negieren doch mit Ihren dummen Vorurteilen meine komplette Existenz.

BRANDL: Vorurteile? Ukulelen in Ananasform sind nicht niedlich? Die Titelmusik zur Kindersendung *SpongeBob* wird nicht mit hawaiianischer Ukulelenmusik unterlegt?

UKULELE: Sie wollen Ihre hanebüchenen Aussagen tatsächlich mit postkolonialen Symbolen untermauern? Die Ananas, die aus Amerika und mitnichten aus Hawaii stammt, Teil der Geschichte von Enteignung und Ausbeutung der indigenen Bevölkerung ist und zu so grauenhaften kulinarischen Verirrungen wie »Pizza Hawaii« geführt hat, ist Ihr Beleg dafür, dass Ukulelen possierliche kleine Kinderinstrumente sind? Wer hat Ihnen eigentlich zu viel Ananas gefüttert? Haben Sie je irgendwas richtig recherchiert? Oder sind Sie nur so eine Freizeitjournalistin, die ab und an auf der Witze-Seite ein kleines, niedliches Textchen veröffentlichen darf? Haben Sie außer Ihrem Handy schon mal irgendwas in der Hand gehabt, wo Töne rauskommen? Verstehen Sie überhaupt, was ich sage? Oder klebt das in dem Hohlraum zwischen Ihren Ohren fest, wo eigentlich ein funktionierendes Hirn sein müsste, das bei Ihnen aber durch zu viel Dosen-Ananas in klebrigem Zuckerwasser schwimmt, weswegen Sie alles niedlich und süß finden? Mir reicht es. Dieses Interview ist ein Witz. Aber ohne Pointe.

BRANDL: Doch: Ich weiß jetzt, worin der Unterschied zwischen Ihnen und einer Gitarre besteht.

UKULELE: Ich höre.

BRANDL: Sie sind leichter zu verstimmen.

Hunde sollten ewig leben

November, der graue Monat. Es wird der Toten gedacht und ich komme ins Grübeln.

Wenn ich Glück habe, schreibe ich meine Hunde-Kolumne noch vierzehn Jahre. Ja, ich denke, noch bevor der Hund ausgewachsen ist, daran, wie es sein wird, wenn er stirbt. Das liegt so in meiner Natur. Ich bereite mich immer auf das Schlimmste vor. Es ist eine für andere und mich sehr unangenehme Eigenart von mir, nicht in der Gegenwart zu leben, sondern in allen mir denkbaren Zukünften. In einer davon sitzen mein Hündchen und ich in hohem Alter auf dem Gipfel eines Berges, wenn der Tag gekommen ist. Beide haben wir uns einen langen grauen Bart wachsen lassen (in der Zukunft gibt es dafür eine App), ich habe meine knochige Hand auf seinem Rücken und wir schauen mit lebenssattem Blick ins letzte Abendrot.

In einer anderen möglichen Zukunft trifft mich der Schlag und ich falle tot um. Der Hund ist kurz irritiert, aber dann wirft mein Mann ein Bällchen. Lachend und spielend rennen die beiden in den Sonnenaufgang.

Wenn ich mit dem Hund im Auto fahre, fängt Rocket, sobald wir am Ziel sind, an, in ihrer Box zu randalieren. Sie jault, sie heult, sie bellt. Wenn sie es mal nicht macht, denke ich sofort: »Der Hund ist tot!«

Anstatt mir dauernd ihren Tod vorzustellen, sollte ich lieber die Zeit mit ihr genießen, ganz entspannt im Hier und Jetzt bellen und jedes Häufchen so aufsammeln, als wäre es das letzte, also »Kacke diem« statt »Memento mori«.

Als der Hund noch nicht da war, habe ich Tag und Nacht versucht, mir vorzustellen, wie es sein würde, wenn er bei mir ist. Um in Gedanken auszuprobieren, wie es wäre, einen Hund zu haben, habe ich morgens im Bett, mittags am Schreibtisch und abends in der Kneipe gedacht: »Jetzt würde er an der Tür kratzen, weil er Gassi gehen will. Jetzt würde er unter meinem Schreibtisch die Tapete von der Wand nagen. Jetzt könnte ich kein Bier mehr nachbestellen, weil zu Hause der Hund wartet.«

All die Jahre, in denen ich den Hund herbeigesehnt habe, hatte ich einen imaginären Hund an meiner Seite. Der eingebildete Wuffi war aber recht farblos im Vergleich zu meiner realen Pudelin. Eigentlich lag der nur immer irgendwo rum oder lief neben mir her. Er renkte mir nicht den Arm aus beim Gassigehen, zerbiss meine neue Brille nicht, sang nicht im Schlaf und leckte mir nicht den Arm ab, während ich ihn bürstete. Ich hab ihn mir auch nie im Badezimmer vorgestellt, geduldig wartend, bis ich fertig bin, um dann, sobald ich die Spülung betätige, unter der Kloschüssel nachzusehen, wo das Wasser hingeht.

Und jetzt, wo der Hund wirklich da ist, stelle ich mir täglich vor, er wäre nicht da. Bei jedem Nachhausekommen denkt ein Teil von mir: »Jetzt würde sie mich nicht schwanzwedelnd begrüßen. Sie würde nicht an mir hochspringen, ganz vorsichtig meine Hand ins Maul nehmen und sich auf den Rücken drehen.« Beim Fernsehen schaue ich nicht mehr auf den Film, sondern auf den friedlich schnaufenden Hund. Ich lächle und gleich darauf stelle ich mir ein leeres Körbchen vor. Meinem Hirn fehlt es an Urvertrauen. Es kann den Moment nicht genießen und ruiniert mir das Glück des Augenblicks.

So liege ich neben dem Hund und während ich ihn streichle, rinnt mir eine Träne die Wange herunter, weil es so schön ist, dass es zu viel für mich ist.

Denn eines Tages, so viel steht fest, wird sie nicht mehr da sein. Wo geht sie dann hin? Springt sie in den Hundehimmel? Oder wandelt sie weiter unter uns als Geisterhund? Das würde immerhin erklären, warum sie draußen überall schnüffelt, wo scheinbar gar nichts liegt, und drinnen plötzlich bellt, obwohl sich in der Wohnung kein Lüftchen regt. Kein Wunder bei all den Geisterhunden, die ja natürlich wie alle Geister durch Wände gehen können und draußen überall Geisterhäufchen machen. Wenn ich die dann später als Geist auch noch alle aufheben muss, weil manche Hundehalter*innen auch nach dem Tod noch zu faul zum Bücken sind, sollte ich jetzt schon mal anfangen, Tütchen zu bunkern.

Ich bin ja Kontrollfreak und versuche, immer für alle Eventualitäten gewappnet zu sein. Und genau deswegen ist ein Hund für mich das Richtige. Er macht fast nie, womit ich gerechnet habe, und ist vollkommen planlos. Von einer Sekunde auf die andere entscheidet er sich nach dem Lustprinzip und durchkreuzt meine Pläne mehrmals am Tag. Deshalb hoffe ich, dass der Hund ewig lebt. Gerade jetzt, während ich das schreibe, zerlegt Rocket im Zimmer nebenan ihre Schlafbox und knurrt dabei wie eine Irre. Im November beginnt ja auch die »närrische Zeit« und ich denke: »Es könnte viel schlimmer sein.« Sie könnte sich bunte Hütchen aufsetzen und lernen, wie man schunkelt. Dann schon lieber die geschredderte Hundebox.

Warum mir Südtirol gesundheitlich überhaupt nicht bekommt

Beinah hätte ich meinen Blinddarm in Italien gelassen. Damals, als ich mit der Arbeiterwohlfahrt-Kinderverschickung im Ferienlager war. Die AWO wählte jedes Jahr fünfzig Kinder aus, deren Eltern sich einen Urlaub an der Adria nicht leisten konnten. Und die schickten sie dann mit dem Bus nach Bozen. Das war sehr aufregend und anders als zu Hause. Wenn ich mir am Kiosk eine Postkarte kaufte und 200 Lire hinlegte, gab mir der Verkäufer das Rückgeld in Briefmarken zurück. Es waren aber nie genug Briefmarken, um die Postkarte damit zu verschicken, also zog ich noch einen Hundertlireschein raus, um eine Briefmarke zu kaufen, und wieder bekam ich das Restgeld in Briefmarken raus. Als ich schließlich genug davon hatte, um sie aufzukleben – ich glaube, es waren vierzig Stück – stand da als Text auf der Karte: »*Gruß aus B.*«

Trotzdem fand ich es sehr schön in Bozen, bis die Bauchschmerzen anfingen. Ich weiß noch, dass der herbeigeholte Arzt ziemlich betrunken war und alt. Wahrscheinlich war er auch gar kein richtiger Arzt, sondern eben nur ein Kinderarzt. Oder ein einst gefeierter Herzchirurg, dem man wegen eines Kunstfehlers die Approbation entzogen hatte, und nun musste er sein Dasein als Ferienlagerdoktor fristen. Jedenfalls drückte er hier und drückte da, es tat überall weh und er wies mich ins Krankenhaus ein. Dort lag neben mir eine

Signora, die mir Bonbons in einer Schachtel schenkte, und als sie leer war, habe ich mir daraus einen Fotoapparat gebastelt. Die Bilder habe ich mit Kuli auf Pappe gemalt und ihr geschenkt. Sie litt an einer Magenverstimmung und ich habe die nette Signora nie vergessen. Schade, dass ich keine Fotos von ihr habe.

Meine Mutter hat damals per Telefon verfügt: »Der Blinddarm bleibt drin. Ich fahr doch nicht extra nach Bozen für einen Krankenhausbesuch!« Nach einer Woche wurde ich entlassen mit der Anweisung, nichts Fettiges oder Gebratenes zu essen, und die nette Signora in den OP geschoben. Bis heute weiß ich nicht, ob tatsächlich ich plötzlich die Magenverstimmung hatte oder eine arme Italienerin völlig grundlos ihren Blinddarm verlor, nur weil meine Mutter mich nicht besuchen wollte.

Fest steht, dass mir Bozen gesundheitlich überhaupt nicht bekommt.

Als ich letztes Jahr dort war, haben sich auf der vierzehnstündigen Zugfahrt hin und zurück sämtliche verfügbaren Muskeln im Rücken derart verspannt, dass ich mich, zu Hause angekommen, überhaupt nicht mehr rühren konnte. Es folgte die übliche Ärzte-Odyssee, bei der sie dir erst mal prinzipiell nicht glauben, dass es wirklich so schlimm ist, und dir dann drei Tage lang Medikamente geben, die überhaupt nicht helfen. Dann behaupten sie eine Woche lang, ein Bandscheibenvorfall sei das auf keinen Fall. Das Kribbeln in den Fingern sei nur eine Irritation. Erst wenn nach zwei Wochen schon der ganze Arm taub ist, schicken sie dich zur Computertomografie, wo einem dann die Röntgenassistentin dringend von einer CT abrät: »Ich kann Ihnen nur sagen«, apokalyptet sie, »der Körper merkt sich das und die Strahlung bleibt da drin, aber das müssen Sie ja selbst entscheiden.« Dann ergibt man sich in sein Schicksal, sprich in die Röhre, und, oh Wunder, die Röntgenassistentin strahlt und ruft: »Herzlichen Glückwunsch! Es ist ein Bandscheibenvorfall!«

Jedenfalls wäre das lustiger als der übliche Ärztespruch: »Ein Wundermittel gibt es nicht. Nehmen Sie dieses oder jenes Schmerzmittel und versuchen Sie's mit Wärme.«

Wie ehrlich und erfrischend wäre es, mal von einem Arzt zu hören: »Wir können eigentlich gar nix machen. Wir haben völlig umsonst studiert. Die meisten unserer Patienten werden von selbst wieder gesund. Und die Krankheiten, die von alleine nicht weggehen, na ja, gute Nacht, da ist ja dann eh alles zu spät. Tut uns leid.«

Mittlerweile gehe ich zur Physiotherapie, was meine Qualen noch um eine seelische erweitert. Früher, als ich rank und schlank, durchtrainiert und als Musical-Darstellerin, schmerzgebeutelt, aber tapfer, kämpferisch durch die Praxen wehte und sagen konnte: »Das hab ich mir auf der Bühne geholt! Wissen Sie, ich muss bei *My Fair Lady* so einen riesigen Hut auf dem Kopf tragen und dabei das gesamte Morsealphabet steppen!« – Ja, zu meinen besten Zeiten hatte ich immer eine Physiotherapeut*in*. Eine Frau, die wesentlich älter war als ich, die mich bewundernd ansah und sagte: »Oh, das merkt man gleich, dass Sie Tänzerin sind, Sie haben ja ein sagenhaft gutes Körpergefühl.« Und ich habe dann oft verschämt aus dem Fango heraus gewunken und gehaucht: »Na ja, ich bin eigentlich keine richtige Tänzerin.«

Aber heute, wo ich moppelig, orangenhautig und schwabbelarmig, mit einem Haaransatz, der schon seit drei Wochen aufs Nachfärben wartet, wehrlos wie ein Käfer auf dem Rücken halb nackt auf der Krankengymnastikliege warte und mir die Gesichtshaut, der Schwerkraft folgend, nach hinten fällt, da tritt ein blutjunger Mann an meine Liege: Unverbraucht, rein und schwerelos knetet er an mir rum. Und es fühlt sich genauso an wie damals in Bozen: Er drückt hier und er drückt da und es tut überall weh. Nur dass diesmal ich der alte, aus dem Mund stinkende Mann bin und er das unschuldige Kind, das denkt: »Na ja, wahrscheinlich ist sie auch gar keine richtige Künstlerin, sondern eben nur eine Kleinkünstlerin.«

Ich will eigentlich gar nicht wissen, was er denkt. Sonst komme ich noch auf die Idee, dass er denkt, dass ich ein ungepflegtes Ferkel bin, weil ich jedes Mal den gleichen BH anhabe. Ich gehöre nämlich zu den Menschen, die, wenn sie endlich ein gutes Produkt gefunden haben, gleich ein Dutzend davon kaufen. So habe ich nicht nur ein Dutzend blauer BHs, sondern auch zwölf gleiche Winterjacken und vierundzwanzig Duschvorhänge, zwölf in Weiß und zwölf in Schwarz. Man will ja mal 'ne Abwechslung haben.

Aber das kann ja mein Physio nicht wissen und denkt wahrscheinlich, ich trage zwei Wochen lang denselben BH. Ich hab mir das Hirn zermartert, wie ich das Thema unauffällig anschneiden kann, und als er sich neulich von hinten über mich beugte und schwer atmend die Fleischmassen meiner rechten Schulter vor- und zurück-, vor- und zurückbewegte, presste ich hervor: »Diese Behandlungsliegen in Ihrer Praxis hier sind ja wahnsinnig praktisch. Davon haben Sie sicher gleich zwölf Stück gekauft!« Er schwieg und schob weiter. Lediglich die Liege knarzte ein wenig unter meinem

Gewicht. Ich beschloss, künftig während der Krankengym-
nastik einfach die Augen zu schließen und eine Runde zu
bozen.

Lichtblicke

Ein Lichtblick kreuzt immer nur kurz auf, schaut mal eben rein, passiert nebenbei. Er ist kein Schweinwerfer, der dauerhaft strahlt. Man kann ihn nicht ein- und ausschalten. Man muss genau dann hinsehen, wenn er gerade aufblitzt. Ich möchte gar nicht wissen, wie viele Lichtblicke ich dieses Jahr verpasst habe, weil ich immer nur in eine Richtung schaute. Wenn es dunkel ist, verharrt man gern in der Starre. »Wenn ich ganz stillhalte, wird es vielleicht nicht schlimmer«, denkt man und hat Angst vor der Zukunft. Junge Menschen kämpfen. Alte jammern. Vor gut vierzig Jahren haben wir eine über hundert Kilometer lange Menschenkette organisiert, um gegen die Stationierung von atomaren Mittelstreckenraketen zu demonstrieren. Heute kleben sich Jugendliche auf dem Asphalt fest, um die Öffentlichkeit wachzurütteln. Sie setzen sich fest, damit andere sich bewegen. »Spinner! Verrückte!«, wurden wir beschimpft, als wir gegen Atomkraft demonstrierten. Energie aus Solarzellen zu gewinnen sei ein Hirngespinst, schleuderten sie uns entgegen und klebten sich »Neandertal? Nein, danke!«-Aufkleber auf ihre katalysatorfreien Autos. Heute kämpfen junge Menschen für ihre Zukunft. Sie essen keine Tierprodukte und während wir alten Säcke noch bräsig über den Witz: »Woran erkennt man einen Veganer? – Er sagt es dir!« lachten, eroberten neue, spannende Lebensmittel unsere Supermärkte.

Mein Mann, der früher im Steakhouse auf die Frage des Kellners: »Durch? Medium? Blutig?« lässig antwortete: »Legen Sie's kurz auf die Heizung«, kauft veganen Aufschnitt, weil, seien wir ehrlich, Wurst nichts anderes ist als gewürztes Fett und das kann man auch ohne Tierquälerei herstellen. Ob wir zu Weihnachten dieses Jahr wieder eine faire Biogans aus Freilandhaltung kaufen? Muss es zum Festtag ein Braten für 130 Euro sein? Scheinbar unumstößliche Dinge kippen wie Dominosteine.

Als ich in den späten Neunzigern auf Tour war durch die Stadthallen von Brackenheim bis Bremerhaven waren drei Dinge überall gleich: Der örtliche Techniker mit der schwarzen, ärmellosen Jacke mit den vielen Taschen und dem drei Kilo schweren Multitool am Gürtel, der sonst die örtlichen Rockbands abmischte, nahm mich als Kleinkünstlerin nicht ernst und wollte sich von einer Frau sowieso nichts sagen lassen. Wenn man nach vegetarischem Essen fragte, gab es Käsebrot und im Programmheft stand ich unter »Unser Frühlings-Frauen-Special«. Dieses Jahr wurde ich vor jedem Gastspiel gefragt, ob ich irgendwelche Allergien hätte, veganes Essen wünsche oder sonstige besondere Anforderungen ans Catering hätte. Anfangs antwortete ich immer stolz: »Ich ess alles!«, und kam mir toll vor, weil ich so unkompliziert war. Inzwischen steht auf meiner Catering-Anweisung: wenn möglich vegetarisch. Junge Menschen haben bei mir ein Umdenken, ich möchte fast sagen ein »Umfühlen« bewirkt.

Mir ist bewusst, dass es das Wort »umfühlen« nicht gibt, aber Sprache kann sich ändern. Und während Menschen mit dem Argument, sie ließen sich nichts verbieten, ein Genderverbot fordern, obwohl nirgends per Gesetz eine Genderpflicht herrscht, traf ich dieses Jahr auf junge Menschen, die freiwillig und ohne viel Aufhebens beim Sprechen eine kleine Lücke im Wort ließen. Mir ging dabei das Herz auf. Ich war vorher noch nie gegendert worden, aber jetzt, da ich es am eigenen Ohr fühlte, kann ich sagen: Es funktioniert. Es tut gut. Ich fühlte mich angesprochen, gemeint, integriert, für voll genommen. Nebenbei bemerkt, haben dieselben Menschen, die behaupten, sie würden sich beim Glottisschlag eines Wortes wie »Künstler*innen« die Stimmbänder aushaken, keinerlei Probleme mit der Aussprache der Wörter »The*ater«, »Be*amte« oder »Spiegel*ei«.

Dieses Jahr traf ich auf Tour junge Techniker, die mit mir anstatt gegen mich arbeiteten, weil es ihnen völlig egal war, ob ich Mann oder Frau bin. Für sie war ich eine der Künstler*innen, die sie fachkräftig begleiteten.

In den Programmheften werden Frauen mancherorts immer noch in eine eigene Sparte gesteckt, getrennt von den Männern, und präsentiert, als wären sie eine Kuriosität wie die Dame ohne Unterleib. Aber es gibt Lichtblicke. Meine sind momentan junge Menschen. Einige von ihnen riskieren Leib und Leben im Kampf für das, woran sie glauben. Wenn das kein Lichtblick ist, dann gibt es wohl keine Hoffnung mehr. Die Geschichte hat allerdings gezeigt, dass diejenigen, die andere als »Spinner« und »Verrückte« bezeichnen, sich am Ende selten durchsetzen. Das ist schön. Aber das Wort »umfühlen«, das nehme ich zurück. Das ist ein Monstrum, das in meinem Kopf hätte bleiben müssen.

Interview mit einem Sympathikus

(Das Interview wird per Online-Meeting geführt.)

BRANDL: Wollen wir direkt anfangen oder noch auf Ihren Kollegen warten?

SYMPATHIKUS: Was ist ›warten‹?

BRANDL: Wenn man nichts tut und in der Situation verharrt.

SYMPATHIKUS: Mit diesem Konzept bin ich nicht vertraut. Schießen Sie los! Hopp! Auf geht's!

BRANDL: Sie machen ja ganz schön Druck.

SYMPATHIKUS: Wieso wird alles, was ich sage, immer gleich als stressig interpretiert?

BRANDL: Vielleicht sollten wir doch auf Ihren Gegenspieler, Herrn Parasympathikus, warten. Ich glaube, er ist in Ihrer Konstellation der ausgleichende Part.

SYMPATHIKUS: Nein. Dauert zu lange. Der chillt.

BRANDL: Höre ich da eine leise Kritik heraus?

SYMPATHIKUS: Negativ. Sie interpretieren da eine Kritik hinein. Mein Partner Parasympathikus ist weder Gegenspieler noch ein Herr.

BRANDL: Was ist er dann?

SYMPATHIKUS: Wir sind Nervensysteme, ein Team im vegetativen, sprich autonomen Nervensystem.

BRANDL: Was heißt das genau?

SYMPATHIKUS: Das ist so kompliziert, das verstehen Sie sowieso nicht. Kommen Sie, auf geht's! Wir springen gleich zur nächsten Frage!

BRANDL: Was tun Sie so den ganzen Tag?

SYMPATHIKUS: Organe steuern. Nächste Frage!

BRANDL: Und was tut Ihr Kollege, der Parasympathikus?

SYMPATHIKUS *(hektisch)*: Dasselbe. Weiter!

BRANDL: Jetzt beruhigen wir uns aber mal, ja?

PARASYMPATHIKUS: Hallo? Ist mein Mikro an? Hört ihr mich?

BRANDL *(entspannt)*: Klar und deutlich. Schön, dass Sie zu uns stoßen!

PARASYMPATHIKUS: Ich war eigentlich schon die ganze Zeit hier, aber das war nich mein Vibe.

BRANDL: Können Sie mir erklären, was der Unterschied zwischen Ihnen beiden ist?

PARASYMPATHIKUS: Logo, kein Problem: Der Sympathikus reguliert die Organfunktionen in Stresssituationen oder bei Aktivität und ich in Entspannungsphasen.

BRANDL: Ah, davon hab ich schon gehört: »Fight or flight« versus »rest and digest«. Dann entscheide ich mich für Sie. Sie sind mir wesentlich sympathischer als Ihr stressiges Co-System.

SYMPATHIKUS UND PARASYMPATHIKUS *(im Chor)*: Sie können uns nicht steuern. Sie sind uns ausgeliefert. Widerstand ist zwecklos.

BRANDL *(nervös)*: Oh, ich sehe gerade, ich hab gleich noch ein Meeting mit dem enterischen Nervensystem des Darms. Da darf ich mich nicht verspäten. Sie wissen ja, wie empfindlich das reagiert. *(Klickt auf »Meeting beenden«.)*

Häusle, Häusle, Kontostand —
wer sind die Ärmsten im ganzen Land?

Ich finde es befremdlich, dass die Kritik am eigenen sozialen Umfeld als unfein gilt. Nur dort kann man doch direkt Einfluss nehmen. Insgeheim hoffe ich sogar, dass Menschen aus meinem Bekanntenkreis diesen Text lesen. Denn neuerdings liefern sich einige von ihnen einen peinlichen Wettbewerb: »Wer ist im Alter am ärmsten?« Nun muss man wissen: Ich wohne auf dem Land. In Baden-Württemberg. Meine Bekannten sind größtenteils Akademiker*innen, kaufen im Bioladen ein und reisen im Urlaub sechs Wochen mit dem Wohnmobil durch Australien. Sie wohnen im eigenen Haus und fahren dicke Autos.

Als ich die Boheme in Berlin verließ, um ins Wohlstandsparadies zu ziehen, und dort einem Freund aus der Schulzeit erklärte, dass ich als Kleinkünstlerin auch eine kleine Rente haben werde, erwiderte er aufgeregt, das sei bei ihm genauso! Mich wunderte das ein bisschen, weil er Architekt ist und mit seinem Partner eine 220-Quadratmeter-Villa in einer fußballfeldgroßen, parkähnlichen Gartenanlage bewohnt.

Immer häufiger höre ich auf Partys die Beteuerungen, man habe es auch nicht so dicke, das zweite Pferd habe man aus dem Mietstall nehmen müssen. Kommt einer mit einem neuen Elektroauto zum Brunch, sagt er verschämt: »Der ist nur geleast.« Lobt man den edlen Rotwein, heißt es: »Du, den bekommen wir ganz günstig von einer Kollegin. Die hat ein

Weingut in der Toskana.« Das Galloway-Steak wird serviert mit den Worten: »Ist zwar teurer, aber wenigstens keine Massentierhaltung.« Was ist los mit diesen erfolgreichen Menschen? Schämen sie sich für ihren Reichtum? Warum? Ich gönne jenen, die dafür geschuftet haben, ihr Eigenheim und den dicken Porsche. Während ich in Berlin Straßentheater gemacht habe, BAföG-Rentnerin war und rumgegammelt habe, wie man das damals nannte, haben die Jura gepaukt. Jeden Morgen, wenn sie in unbequemen Business-Outfits ins Büro fahren, dreh ich mich im Bett noch mal um und beiße vom Galloway-Steak ab, das ich mir am Abend zuvor von ihnen einpacken ließ; auch, um zu vermeiden, dass sie die Fleischreste an ihre Französische Bulldogge verfüttern. Haben meine wohlhabenden Bekannten Angst, ich könnte sie anschnorren? Wieso sind sie nicht stolz wie Rapper*innen auf ihre Kohle, cruisen mit dem Köter aufm Beifahrersitz durch die Fußgängerzone und rufen aus dem Fenster: »Hättet ihr in der achten Klasse besser aufgepasst, müsstet ihr jetzt nicht Dacia fahren!«?

Ich habe den Verdacht, es liegt daran, dass der Grundstock ihres Vermögens eben nicht auf Bestnoten und geopfertem Privatleben zugunsten der Karriere beruht, sondern darauf, dass, schon bevor sie geboren wurden, zwei Häuser dastanden, eins von den Eltern und eins vom Opa, und ihr eigenes mit einer fetten Finanzspritze der Eltern gebaut wurde. Der Großteil des Vermögens in Deutschland wird nicht erarbeitet, sondern vererbt. Oder wie wir kleinen Leute sagen: Der Teufel scheißt immer auf den größten Haufen.

Wie erfrischend wäre es, mal von einem dieser Designer-Chinos tragenden, Cabrio fahrenden, irgendwas im IT-Bereich machenden Menschen zu hören: »Ich hatte einen fetten Start ins Leben, habe mich ins gemachte Nest gesetzt, konnte, ohne nebenbei zu jobben, studieren und hab meine erste Stelle im Betrieb eines Freundes meines Vaters bekommen. Geil, was für einen Dusel ich hatte! Darauf eine Runde ›Veuve-viel-Kohle‹ für alle!«

Stattdessen sagen sie: »Mit dem bisschen, was ich an Rente kriege, kann ich im Alter auch nicht leben«, vergessen aber hinzuzufügen: »Gut, dass ich die Aktienfonds, die Eigentumswohnung in Berlin und das Haus meiner Eltern verkaufen kann.«

Meine beiden Mitbewohner und ich werden auf solchen Partys gern vorgestellt mit den Worten: »Die wohnen in einer WG. Sind die nicht süß?«

»Na ja«, sage ich dann, »das hat halt auch Kostengründe.« Sie glotzen dann wie ein Rudel Rehe im Tesla-Scheinwerfer. Um sie von ihrem schlechten Gewissen zu erlösen, schiebe ich nach: »Das Rezept für den Nudelsalat haben wir vorher im Plenum diskutiert und rechnen die Kosten über unsere Partykasse ab.« Dann strahlen sie und sagen: »Süüüüß!!!«

Wenn's nicht besser wird,
müssen wir Blut abnehmen

Wenn ich mit dem Hund zur Tierärztin gehe, ist alles netter als beim Menschendoktor. Zwar kann man auch hier mit und ohne Termin kommen, ohne dass es bei der Wartezeit einen erkennbaren Unterschied macht, aber es gibt keine Bevorzugung von Privatpatienten. Weil alle Privatpatienten sind. Jeder hat ein Bündel Bargeld in der einen und Leckerlis in der anderen Hosentasche. Gedrückte Stimmung herrscht nur unter den Hunden. Manche liegen schicksalsergeben auf dem Boden, manche zittern vor Angst, weil sie da, wo es gleich hingeht, keine guten Erfahrungen gemacht haben. Selber hat man keine Spritze zu befürchten und kommt daher recht locker mit den anderen Menschen im Wartezimmer ins Gespräch. Es plaudert sich leicht, wenn man nur Begleitperson ist, und es ist ein bisschen wie früher, als noch nicht alle auf ihr Smartphone starrten: Man tauscht sich aus, fragt, was der fremde Hund hat, ist interessiert und zeigt Mitgefühl.

Wenn man dann dran ist, schleift man den Hund wie einen frisch erstandenen Weihnachtsbaum über den Boden in den Behandlungsraum, wo die Frau Doktor und ihre Helferin warten.

Es wird untersucht, gespritzt und Fieber gemessen. Dann bekommt man Medikamente direkt aus der Hand der Ärztin, ohne Umverpackung und Beipackzettel. Sie sagt: »Morgens und abends. Wenn's nicht besser wird, müssen wir Blut abnehmen.« Direkt am Tisch bezahlt man bar, bekommt keine Quittung, muss kein Kärtchen durchziehen und geht ohne Umweg über die Apotheke nach Hause.

Ich bekomme da immer Heimweh nach einem Früher, das es nie gab. Als man eine Tablette bekam und alles wieder gut war. Am liebsten möchte ich die Tablette direkt in den Mund gelegt bekommen wie eine Hostie.

Wenn ich zu meiner Menschenärztin gehe, steckt sie mir nie ein Thermometer irgendwohin oder tastet mich ab. Sie berührt mich eigentlich gar nicht und schaut nur schweigend auf ihren Computermonitor, den sie mit meiner Krankheitsgeschichte volltippt. Es ist auch nie eine mitfühlende Helferin im Zimmer. Dafür ist kein Geld mehr da. Die Helferinnen müssen stattdessen Telefonate führen, um das Geld einzutreiben.

Neulich ruft mich eine Mitarbeiterin der Zahnarztpraxis an, hinterlässt aber keine Nachricht. Habe ich einen Termin verpasst? Ich rufe zurück. »Wir brauchen Ihre Versicherungskarte«, sagt die Frau am Telefon. »Die haben wir letztes Mal nicht durchgezogen. Ich habe Ihnen schon per WhatsApp geschrieben, aber Sie sind nicht gekommen.«

»Ich bin nicht bei WhatsApp«, sage ich.

Stille. »Aber die Nachricht wird mir hier als gesendet angezeigt.«

»Kann ja sein, aber ich bin nicht bei WhatsApp.«

Das muss sie erst mal verdauen. Dann sagt sie: »Ich muss jetzt die Quartalsabrechnung machen.«

»Wenn es so dringend ist«, frage ich, »wieso haben Sie mir keine Nachricht hinterlassen?«

»Ich hab Ihnen doch eine WhatsApp geschickt«, protestiert sie.

»Aber ich bin nicht bei WhatsApp!«, beharre ich. Irgendwie erwarte ich, dass sie jetzt vorwurfsvoll fragt: »Wieso denn nicht?« Dann könnte ich sagen, dass es zwei Telefonnummern, drei E-Mail-Adressen und einen Social-Media-Messenger gibt, unter denen man mich erreichen kann, und ich keinen siebten Kanal brauche, der nichts anderes macht als die anderen sechs, dafür aber alle meine privaten Kontakte auf einem Server in Kalifornien speichert. Und auf den Einwand: »Die wissen doch eh alles von uns, dann dürfen Sie auch kein Facebook machen«, würde ich antworten: »Ich bin nicht auf Facebook. Und ich brauche kein WhatsApp. *Sie* brauchen, dass ich bei WhatsApp bin.«

Sie fragt aber nicht, sondern wiederholt noch mal verwundert: »Aber die Nachricht wird mir hier als gesendet angezeigt.«

»Stellen Sie es sich vor wie bei der Zahnreinigung«, versuche ich zu erklären. »Da bin ich Selbstzahler, obwohl das früher eine Kassenleistung war, wenn der Zahnarzt Beläge und Zahnstein entfernt hat. Heute macht das die Zahnarzthelferin, weil die viel weniger Stundenlohn bekommt als der Doc, und damit das nicht auffällt, putzt sie noch 'ne Weile länger rum, und man muss es selbst bezahlen, weil es nicht nur Behandlung ist, sondern auch eine Beratung. Aber es findet gar keine Beratung statt. Verstehen Sie?«

Sie versteht nicht. Da geh ich doch lieber zur Tierärztin. Die ruft mich nie an. Dafür kann ich bei ihr anrufen, wenn der Hund einen Notfall hat. Sogar mitten in der Nacht. Die schickt mir auch keine Nachricht auf WhatsCat, die ich dann nicht bekomme, weil ich nur WuffApp habe.

Naging on Heaven's Door

Mein Hund hat ein Geweihstück zum Nagen. Das hat er bekommen, als er drei Monate alt war. Inzwischen ist er fast erwachsen und hat trotz täglicher intensiver Kauarbeit nur einen Millimeter abnagen können. Dennoch lässt er nicht nach, es zu bearbeiten. Hofft er, das Ding eines Tages doch noch zu bezwingen? Mittlerweile könnte er doch geschnallt haben, dass er das nicht schafft.

Kopfschüttelnd sehe ich mir an, wie das Hündchen verbissen daran arbeitet, etwas kleinzukriegen, das zu groß für ihn ist. Und dann erinnert mich das an mich selbst. Beinahe täglich arbeite ich mich an Dingen ab, die ich nicht ändern kann. Habe ich wirklich die Vorstellung, ich könnte die Welt so lang beknabbern, bis sie eine für mich befriedigende Form annimmt? Wieso sage ich immer noch, wenn eine Servicekraft auf dem Bürgeramt, ohne den Kopf zu heben, »Name?« bellt: »Könnten Sie bitte etwas freundlicher sein?«

Glaube ich tatsächlich, dass der oder die so von mir Gemaßregelte eines Tages aufsieht, sich über die Stirn fährt und sagt: »Tut mir leid, Sie haben natürlich vollkommen recht. Wissen Sie, ich habe heute einen schlechten Tag. Mein Hamster hat schon wieder Ohrenentzündung und es ist so schwierig, in diese winzigen Gehörgänge zu kommen, Wattestäbchen soll man ja nicht und er will einfach nicht stillhalten, wenn ich ihm die Tropfen reinträufle, dabei will ich ihm doch nur helfen.

Dreimal am Tag muss er die Tropfen bekommen und mein Chef lässt ihn mich nicht mit zur Arbeit nehmen, obwohl das so ein kleines Tierchen ist. Ich habe extra einen Reisekäfig, den würde ich unter den Schreibtisch stellen, das würde kein Mensch merken. Aber mein Chef ist ein Arschloch. Sie kennen das ja. Jeder hat halt sein Päckchen zu tragen. Trotzdem gibt mir das natürlich nicht das Recht, Sie wie eine Bittstellerin zu behandeln. Schließlich zahlen Sie mit Ihren Steuern mein Gehalt, nicht wahr? Und Sie haben ja sicher auch Ihren persönlichen Hamster, wenn ich das so sagen darf. Also: Wie kann ich Ihnen helfen?«? – Wenn ich ehrlich bin: ja.

Ich träume immer noch davon, dass Menschen ihr Verhalten ändern, wenn man sie lieb darum bittet. Wenn man ihnen freundlich und plausibel erklärt, dass es der Umwelt schadet, keinen Nutzen hat und sie ihren eigenen Geldbeutel schmälern, wenn sie zehn Minuten lang den Motor laufen lassen, während die Frau bei der Postbank ansteht, dann müssen die doch einsehen, dass das, egal wie man es betrachtet, dumm ist. Aber so würde ich das natürlich nicht formulieren. Ich würde nicht hingehen und schulmeistern: »Sagen Sie mal: Sind Sie eigentlich bescheuert? Ihre Frau kommt auch nicht schneller vom Bankomat zurück, wenn Sie aus Ungeduld den Motor laufen lassen und Abgase in die Luft pusten. Schon mal was vom Klimawandel gehört? Und falls das Ihre Angst ist: Nein, Ihr Auto geht nicht kaputt davon, wenn man es ausschaltet. Das ist nicht wie beim Handy, das man höchstens und in der allergrößten Not in den Flugmodus schalten darf, weil man sonst komplett von der Welt abgeschnitten ist und womöglich nie wieder zurückkehren kann, weil alle anderen im Internet längst weitergezogen sind und neue Kanäle angelegt haben. Im Auto ist das anders. Sie sind auch bei ausgeschaltetem Motor immer noch im Auto drin und es passiert, auf Ehre, nichts Schlimmes.«

Das alles würde ich mir verkneifen und mich stattdessen langsam dem Fahrzeug nähern, lächeln und säuseln: »Wussten Sie, dass schon zwanzig Sekunden den Motor abschalten Benzin spart? Wenn Sie jeden Tag fünf Minuten im Leerlauf stehen, sind das 24 Liter im Jahr; das sind knapp 50 Euro.«

Und dann würde der Umweltverpester sagen: »Ach du liebe Güte! Wenn ich das auf die hohe Kante lege, kann ich mir ja in zwanzig Jahren davon ein neues iPhone kaufen und, wenn wir dann noch Verbrennerautos fahren, in der Wartezeit im Internet nachgucken, wo das Benzin gerade einen Cent billiger ist. Toll. Vielen Dank für den Tipp! Sie sind ein guter Mensch.«

Und dann würde er, auch wenn der globale Kauknochen dadurch nicht mal einen Millimeter weniger würde, den Motor ausmachen, weil alles andere dumm wäre.

Das Problem ist: Die meisten Menschen sind dumm. Ich auch.

Einer der vielen nicht überprüften Lehrsätze aus dem Buddhismus lautet: »Wenn der Weg uneben und steinig ist, versuche nicht, den Boden zu glätten – zieh Schuhe an.« Ich aber versuche täglich, in Flip-Flops den Mount Everest zu besteigen.

Andererseits wird Konfuzius der Lehrsatz zugeschrieben: »Der Weg ist das Ziel.« Redliches Bemühen ist also das faktische Tun. Vielleicht nage ich den Knochen niemals durch, aber wenn wir aufhören, uns zu bemühen, tut sich gar nichts. Und dann gibt es noch einen profaneren Grund fürs Kauen: Der Hund will das Ding gar nicht kleinkriegen. Er baut durch das Kauen Stress ab. Und so geht es mir auch.

Herrin der Haare

Heute habe ich mir die Haare selbst geschnitten. Ich hab mir vorher so ein YouTube-Tutorial angeschaut; da sah das ganz leicht aus. Jetzt seh ich aus, als seien meine Haare in den Häcksler gekommen. Ich hätte mir denken können, dass das bei meinen dicken Haaren nicht funktioniert. Es kann sowieso nur einziger Mensch auf der ganzen Welt meine Haare schneiden. Und das ist Gary aus Berlin. Eigentlich heißt der Gerhard und kommt aus Schwäbisch Gmünd. Als ich das erste Mal bei ihm war, stellte er sich hinter mich, hob die Hände, als ob er die Berliner Philharmoniker dirigierte, und seufzte: »Warum bist du denn nicht früher gekommen? Gott, du hast aber auch dicke Haare!«

Seit ich denken kann, greifen mir Menschen an den Kopf und sagen: »Hast du dicke Haare. Boah, sind die dick! Die sind ja richtig fett! Darf ich mal reingreifen? In diese dicken, fetten Haare?« Und dann haben sie auch schon ihre Pranken drin und es fühlt sich an, als ob ich ein Schäferhund wäre. Ich fühle mich unwohl dabei, wenn mir fremde Menschen an den Kopf grapschen. Vor allem, wenn sie ungläubig dreinschauen und Sätze sagen wie: »Das ist ja richtiges Asiatenhaar!« Ich weiß dann immer nicht: Ist es Anerkennung oder Vorwurf? Letztes Mal rief der Frisör alle Mitarbeiter zusammen und näselte: »Guys? Greift mal bitte da rein und sagt ganz ehrlich: Habt ihr schon mal so dicke Haare gesehen?«

Seitdem bin ich davon überzeugt: Aus meinem Kopf wachsen Mastschweine. Wahrscheinlich wär ich im Mittelalter dafür verfolgt worden: »Sehet! Sie hat 666-mal mehr Haare als eine brave Magd. Die hat ihr der Teufel anfrisiert! Verbrennet das Hexenhaarmädchen!«

Bei Gary einen Termin zu bekommen, ist ungefähr so schwer, wie der Inquisition zu entkommen. Nun wohn ich mittlerweile sechshundert Kilometer weit weg von Berlin, also geh ich immer, wenn ich beruflich in der Stadt bin, zum Frisör. Wenn ich weiß, ich spiele im Herbst in Berlin, dann rufe ich im Januar an und kriege sofort einen Platz auf der Warteliste. In der DDR hat man schneller einen Trabi bekommen als heute einen Frisörtermin in Berlin-Mitte. Und es hat gar keinen Sinn, am Telefon zu sagen: »Es ist dringend.« Das bringt nix. Das ist so, als ob du einen Oscar willst und schläfst dafür mit dem Praktikanten von RTL2. Den Frisörtermin bei Gary muss man länger vorplanen als eine Geburt. Daher nehme ich, wenn ich dann endlich den Termin habe, immer das Komplettpaket: Waschen, Schneiden, Färben, Pflegestufe eins, zwei, drei, mit Zwiebel, scharfe Sauce, Schafskäse, alles. Das dauert. Ganze Sommerurlaube werden um den Frisörtermin herumgeplant. Bei mir. Bei meinem Mann isses anders. Der geht im Urlaub. Einfach so zum nächstbesten. Aufm Weg zum Strand. Wenn ich mir 'n Eis hole, sagt der: »Ich geh so lang Haareschneiden.« Bei mir heißt's: »Nächste Woche kann ich nicht. Da muss ich zum Frisör!«

Wenn dann der große Tag kommt, ich im Hotel in Berlin, lass ich mich vom Hotelportier früh um sechs wecken und fang an, Stullen zu schmieren. Dann schau ich auf die Checkliste und pack die Tasche: Regenschirm, einen Pullover, falls es abends kalt wird, Proviant für drei Tage, Kreislauftropfen und ein bisschen was zu lesen: Marcel Proust: »Auf der Suche nach der verlorenen Zeit«, Band eins bis sieben.

Draußen hat sich inzwischen die halbe Nachbarschaft auf der Straße versammelt. Die Straßenbahn hält, der Fahrer schiebt das Seitenfenster auf und fragt: »Was ist denn hier los?« Der Portier schiebt sich die Mütze ins Genick und sagt mitfühlend: »Die Frau muss heut zum Frisör.« Ich ruf noch mal meine Mutter an, um mich zu verabschieden, und umarme den Portier. Die Glasschiebetür öffnet sich, es herrscht Gedränge. Ich bahne mir einen Weg durch die Schaulustigen. Wildfremde Menschen klopfen mir auf die Schulter. Eine ältere Dame ruft: »Leben Sie wohl und kehren Sie gesund zurück!« Die Reise zum Schicksalsberg bei »Herr der Ringe« war 'ne Klassenfahrt dagegen. Was viele nicht wissen: Es gab zwei Möglichkeiten, Sauron zu vernichten: Erstens, den Ring in die Schicksalsklüfte zu werfen. Oder zweitens, Sauron Strähnchen zu färben. Letzteres dauert aber viel länger. Ungefähr so lange wie alle drei Teile des Films. Extended Version. Hinterher tut mir vier Tage lang der Hintern weh. Und wenn ich nach Hause komme, geh ich ins Bad, guck in den Spiegel und sage: »Ich seh furchtbar aus!«

Wie sich jetzt herausgestellt hat, muss ich dafür gar nicht nach Berlin fahren.

Tourhund

Der Hund ist jetzt ein Tourhund. Auf der Bühne rede ich über ihn und wenn er hinterher mit an den Merchandise-Stand darf, sind die Leute ganz überrascht, dass es ihn wirklich gibt. Wenn man Komikerin ist, denkt das Publikum immer, alles, was man auf der Bühne erzählt, sei ausgedacht. Dabei ist das meiste Realsatire. Oft wiederhole ich nur, was fremde Menschen zu mir sagen. Zum Beispiel der Taxifahrer, der mich in Hamburg fragte, was ich beruflich mache, und als ich antwortete: »Kabarett«, wissen wollte: »Machen Sie so politisch oder reden Sie über den Islam?«

Auf Tour muss man sich oft erklären, aber das Publikum glaubt einem nichts. Am Bücherstand wird gefragt: »Wo sind Sie denn nun wirklich her?«

Und wenn man erwidert: »Wirklich aus Schwaben«, wird gekontert: »Sie parodieren den Dialekt täuschend echt, aber mir machen Sie nichts vor! Sie sind eine von uns!«

»Sie haben mich erwischt«, geb ich dann zu und der Berliner geht glücklich nach Hause. Auf unserer Tour nach Frankfurt/Oder, Berlin und Hamburg hieß es jeden Abend: »Ach, Sie haben ja wirklich einen Hund?«

Manchmal war ich versucht einzuwenden: »Iwo, den hab ich nur ausgeliehen, damit mir ein paar Gags einfallen. Nach der Show kommt der wieder ins Tierheim.«

Die Menschen sind immer ganz entrüstet, wenn ich böse

Witze über den Hund mache, aber er kriegt davon nichts mit. Das ist doch das Schöne an einer speziesübergreifenden Freundschaft. Man kann sagen: »Na, du alte Kackbratze, dann komm mal mit«, und beim Fellwesen kommt nur an: »Aufmerksamkeit! Gassi! Zusammensein!«

Für den Hund ist das Touren ein einziger Abenteuerurlaub. Überall gibt es Millionen neuer Düfte. Als ob man einen Markt in Marokko, eine Garküchen-Straße in Thailand und einen Eukalyptuswald auf Gomera in drei Tagen durchwanderte. Und während ich mir die Knochen auf der Autobahn wundschütteln lasse, schläft die Pudelin. Sie ist ja noch ein Teenie und die können bekanntlich in allen Lagen schlafen. Sie hat aber auch eine viel größere Box als ich. Der Hund soll darin problemlos stehen und sich umdrehen können. Fünfzehn Zentimeter Luft vom Kopf aufwärts bis zur Decke müssen es sein. Weil wir dachten, sie wächst noch, haben wir eine größere Box gekauft. Sie wuchs nicht mehr. Die Box nimmt jetzt die Hälfte unseres Minivan-Kofferraums ein und sie kann darin Csárdás tanzen.

Auf der Tour beneidete ich den Hund Tag für Tag mehr und fantasierte auf langen Autobahnfahrten im Halbschlaf davon, wie ich aus dem Autodach ein Loch aussäge und mir einen kleinen Turmaufbau montiere, damit ich zwischendurch mal aufstehen könnte. Wie die Kleinkunstpäpstin würde ich in meinem eigenen gläsernen Kabarettmobil durch die Lande touren und kulturschwache Landschaften segnen.

Abends wenn ich auf der Bühne war, beneidete der Hund mich, weil ich tanzen und springen konnte, während er im Backstage bleiben musste. In einem der Theater, in denen wir gastierten, gab es allerdings gar kein Backstage. Meine Garderobe bestand aus einem Tisch und einem Stuhl, die auf der Bühne hinter einem Vorhang versteckt waren. Notgedrungen musste ich die Pudeline dort anbinden und weil sie mich kontrolliert, verrückte sie während der Show den Tisch, sodass sie in ihrer ganzen Pracht aus dem schwarzen Vorhang auftauchte und ins Publikum glotzte. Die Zuschauer fingen an zu tuscheln, aber ich befahl ihnen, den Hund zu ignorieren. Das Angenehme an Menschen gegenüber Hunden ist ja, dass sie, wenn man ihnen von der Bühne aus Befehle erteilt, auf Anhieb gehorchen. Sie klatschen, wenn sie sollen, singen mit, wenn man sie dazu animiert, und wollen nicht mal ein Leckerli dafür. Dem Hund war das suspekt. Er setzte sich verdutzt hin, um zu beobachten, was für ein merkwürdiges Spiel das war. Schließlich befand er, dass da draußen nichts wirklich Spannendes passiert, und trollte sich wieder hinter den Vorhang. Ich werte das aber nicht als negatives Urteil über mein Bühnenschaffen. Ebenso wenig bin ich beleidigt, wenn Rocket sich auf Tour zuweilen von Wildfremden ohne Umstände an Stellen kraulen lässt, an die sie mich nicht ranlässt. Ich gucke mir dann Kraultechniken ab und lerne. Ein Bekannter in Frankfurt/Oder kreiselte sanft mit allen fünf Fingern ausdauernd über ihre Schulter, die sie mir stets kalt präsentierte. Ich hatte natürlich Ähnliches auch schon versucht, aber er konnte es scheinbar besser: viel langsamer und weicher. »Aha«, dachte ich, »sie mag es zärtlich.«

Ein Freund in Hamburg dagegen griff beherzt mit beiden Händen in ihren Bart und wühlte darin herum, als würde er Kopfsalat anmachen. Auch das ließ sie sich hingebungsvoll gefallen und schloss die Augen. »Luder!«, dachte ich. »Und bei mir spielst du ›Fass-mein-Fell-nicht-an!‹«

Versteht mich nicht falsch. Meine Hündin und ich haben eine innige Bindung, aber sie benimmt sich, was Streicheleinheiten angeht, wie eine Katze. Eine Zeit lang dachte ich sogar, sie verschmäht mich, weil es immer wieder folgende Situation gab: Sie pudelt sich ran, guckt niedlich, stupst mich mit der Nase an und leckt an meiner Hand. Ich strecke die Hand nach ihrem Hals aus, sie zieht abrupt den Kopf weg. Ich versuche vorsichtig, sie seitlich zu berühren, und sie weicht vorsichtig seitlich aus. Dass sie von oben nicht auf den Kopf gepatscht werden will, das habe ich schnell kapiert und hoffe, ich kann mit diesem Text dazu beitragen, dass sich dieses Wissen unter den Menschen verbreitet: Hunde mögen es nicht, wenn man ihnen von oben den Kopf tätschelt. Viele halten es zwar aus Nettigkeit aus, aber sie ducken sich. Das ist ein bisschen, wie wenn man zum Abschied nach der Party jemanden zurückumarmen muss, sich dabei aber alle Mühe gibt, den anderen Körper nicht zu berühren. Achtet mal darauf. Der Körper spricht, wo der Mund sich nicht traut. Mein Tipp: Wenn man jedes Mal bei der Verabschiedung spürt, wie der Umarmte sich steif macht: vielleicht beim nächsten Mal einfach zum Abschied fröhlich winken. Wenn mein Hund beim Streichelversuch von mir abrückt, hat das aber vermutlich andere Gründe. Mittlerweile glaube ich, sie will damit sagen: »Hey, Frauchen! Wie soll ich es noch ausdrücken? Verstehst du meine Gesten nicht? ›Anstupsen‹ heißt: ›Unterhalte mich! Spiel mit mir!‹ Und geh mir weg mit Zärtlichkeiten. Die hol ich mir bei deinen Freunden.«

Hunde leben im Augenblick und genauso plötzlich, wie sie sich wegdreht, entscheidet sie sich im nächsten Moment für körperliche Nähe. Meistens abends, wenn ich mich auf dem Sofa entspanne. Dann kommt sie ungefragt und beschließt, jetzt sei genau der richtige Zeitpunkt, sich auf meinen Bauch zu legen und leise zu seufzen.

Interview mit einem Leuchtturm

LEUCHTTURM: Na, mien Deern, wo weer dat mit uns beiden?

BRANDL: Ja, gern. Ich hab noch nie einen Leuchtturm gehabt
... äh ... interviewt.

LEUCHTTURM: Denn man tau.

BRANDL: Können wir das Gespräch auf Hochdeutsch führen?
Außer »Moin, moin« kann ich kein Platt.

LEUCHTTURM *(streckt sich)*: Erst mal heißt das »Moin«. »Moin,
moin« is schon Gesabbel, nech?

BRANDL: Freuen Sie sich nicht, dass Sie mal mit jemandem
reden können? Als Leuchtturm hat man ja einen ziemlich
einsamen Job.

LEUCHTTURM *(in Heidi-Kabel-Hochdeutsch)*: Och, mir macht
das nix. Wer möchte nicht Leuchtturm sein? Schau'n Sie
mich doch an: Ich bin eine majestätische Erscheinung!
Weithin sichtbar in Rot-Weiß! Ich bin ein Symbol für
Größe und Standfestigkeit. Alle verlassen sich auf mich.
Die Kirche sagt: »Wie ein Leuchtturm zeigt uns Jesus den
Weg.« Und wenn 'ne Ortschaft so 'n büschen rausragt,
nich, und auf ei'm Gebiet Vorbild is, dann sprechen die Politiker von einer »Leuchtturmgemeinde«. Weil ein Leuchtturm was Besonderes ist, was Einzigartiges!

BRANDL: Gut, hier sind Sie vielleicht der einzige, aber es gibt
ja doch viele von Ihnen und, wenn ich das sagen darf, auch
weitaus größere.

LEUCHTTURM: Also, ich seh hier keinen, der größer ist als ich, und ich kann von hier aus bannig weit blicken, nich?

BRANDL: Na schön, von Ihrer Sicht aus ist das richtig. Zumindest für den Moment. Aber Sie werden ja nicht immer hier stehen.

LEUCHTTURM: Wie meinen Sie das?

BRANDL: Na, wenn Sie jemand kauft und mit nach Hause nimmt, stehen Sie vielleicht auf einem Schreibtisch als Deko. Dann überragt Sie sogar der Computerbildschirm.

LEUCHTTURM: Aber ich muss doch hier auf meinem Posten bleiben! Ich habe doch eine wichtige Funktion. Ich überwache die Eingangstür, den Postkartenständer, das Regal mit den Buddelschiffen, den Ständer mit den Magneten, die kleinen Pappmodelle von der Elbphilharmonie, die St.-Pauli-T-Shirts. Goh mi af! Das is doch Tüddelkram, dass ich hier wegsoll! Da kliemt sich doch der Klabautermann den Hering spunt.

BRANDL: Sind Sie sicher, dass das Platt ist?

LEUCHTTURM: Da wo ich herkomme, schon.

BRANDL: Wo kommen Sie denn her?

LEUCHTTURM *(krümmt sich und wirft einen entsetzten Blick auf seinen Boden)*: »China.«

BRANDL *(hat Mitleid und kauft den kleinen Rot-Weißen, steckt sich das Papiertütchen in die Manteltasche und drückt mit beiden Händen die Ladentür gegen eine Windböe auf)*: Verflucht, das nennt man dann wohl Schietwetter!

LEUCHTTURM *(kräht fröhlich aus ihrer Tasche)*: Ach was, Sturm is erst, wenn die Schafe keine Locken mehr haben! Und jetzt mal Butter bei die Fische: Ik heff Döst! Endlich geit dat rrraus in die Welt! *(singt)* »Ick heef mol en Hamborger Veermaster sehn!« Nich lang schnacken, Kopp in' Nacken!

Du weißt ja, wie man sagt: Een besoppne Frau is een Engel int Bed. Du bist zwar nich mehr ganz taufrisch, aber: Auf 'ner alten Fregatte lernt man segeln! Und merk dir, min Deern: Es regnet nich. Hier heißt das: Es frischt auf!

BRANDL *(wirft das Tütchen in den nächsten Mülleimer)*: Jou, und in Hamburg sagt man »Tschüss«.

Killen Sie die Hoffnung!

Wechseljahre sind keine Herrenjahre. Niemals, niemals, niemals darf man einen Text, ein Kabarettprogramm oder seinen Hund so nennen. Das stößt ab. Das müffelt. Das langweilt. Da blättert die Leserin sofort weiter. Da klappert der Hausmeister in der Stadthalle genervt mit dem Schlüsselbund und der Hund gehorcht nicht. Würden Sie sich etwa auf der Straße umdrehen, wenn Ihnen jemand: »Hey! Wechseljahre sind keine Herrenjahre! Komm her!« hinterherrufen würde? Oder auch nur das Beinchen heben? Natürlich nicht. Sie sind ein Mensch von Bildung, Niveau und ausgezeichnetem Geschmack. Deshalb haben Sie auch dieses Buch gekauft. Sie möchten sich auf geistig anspruchsvollem Niveau amüsieren. Ein wenig Abstand gewinnen zum Pendlerpupser im öffentlichen Verkehrsmittel, der sich vielleicht, gerade während Sie dies lesen, in der S-Bahn an Sie drückt. Oder wie mein Berliner Schwager sagt: »In der Essi.« Man kürzt in der Hauptstadt gern ab, fährt mit der Eins zum Kotti und wird bei Wegbeschreibungen am Telefon gefragt: »Kommst du öffentlich?« Letzteres klingt ein wenig anzüglich. So ist Berlin. Spracharm, aber sexy. Ich weiß, wovon ich rede, denn ich bin mit einem Berliner verheiratet. Von ihm stammt der Spruch mit den Wechseljahren. Ihm graust vor keinem Kalauer. Er sagt et, wie et is. Er beschönigt nicht. Und er macht keine Hoffnung auf Besserung. Hoffnung war das Erste, das mir genommen wurde, als ich Ende der Achtziger nach Berlin gezogen bin. Als Resultat hat sich bei mir eine Haltung zum Leben eingestellt, die Außenstehende als grundsätzlich negativ, ich aber als gesunden Realismus bezeichne. Denn im Gegensatz zu der meiner Meinung nach überstrapazierten Redewendung stirbt bei mir die Hoffnung immer als Erstes. Mag sein, dass sich durch den Austausch der alteingesessenen Berliner Bevölkerung durch aufstrebende Start-upper, Party-People und vom Geld ihrer Eltern verwöhnte Prenzlschwaben die einst legendär prollpreußische Servicementalität in Richtung »Sorry, I don't speak German, but I hope you have an awesome experience in our shop today!« verändert hat. Zu meiner Berliner Zeit allerdings lautete die Antwort des Verkaufspersonals auf Kundenfragen sehr häufig: »Gibt's nich, ham wa nich, kriegen wir auch nich wieder rein.«

Ich habe dadurch eine wertvolle Lektion fürs Leben gelernt: »Hoffe nicht auf bessere Tage – dit bringt nüscht.« Oder wie meine Schwiegermutter zu sagen pflegte: »Schlimm.«

Das sagte sie eigentlich immer. Ob politische Zustände, steigende Preise, das Wetter – meine Schwiegermutter konnte ihre Einschätzung der Lage stets in einem einzigen Wort zusammenfassen: »Schlimm.« Ich sehe noch vor mir, wie ich im fünften Stock ihres Pankower Mietshauses stand und klingelte: Nach einer gefühlten Ewigkeit öffnete eine kleine, ausgezehrte, weißhaarige Frau die Wohnungstür, sah mich aus enttäuschten Augen an und sagte: »Schlimm.«

Wenn ich dann einen Blumenstrauß hervorzauberte und ihr bei Kaffee und Kuchen erzählte, wie gut es im Job voranginge und wie glücklich ihr Sohn und ich seien, hellte sich ihr Gesicht im Nu auf und aus einem schlimmen wurde zumindest für ein, zwei Stunden ein schöner Tag.

Ich halte das für eine gute Strategie. Erst mal findet man alles schlimm und wenn sich dann etwas bessert, kann man seine Einstellung immer noch anpassen. Die kleinste Verbesserung ist riesig, wenn man per se mit dem Schlimmsten rechnet. Bevor ich eine Reise antrete, male ich mir Wochen vorher in den schillerndsten Farben aus, was alles schiefgehen könnte. Der Zug könnte Verspätung haben, das Flugzeug abstürzen, das Hotel schlecht und Berliner am Strand sein. In meinem letzten Urlaub wanzte sich, als ich versonnen am Meer entlangschlenderte, ein Berliner an mich ran und sagte mit Blick auf die Muscheln: »Eigentlich isset ja Müll. Müll der Natur.«

Der Berliner konstatiert gern.

So tat es auch mein Mann, als er eines schönen grauen Großstadttages vor meine Bettstatt trat und sagte: »Wir ziehn aufs Land.«

»Wieso?«, nuschelte ich durch verklebte Lippen.

»Weil da Ruhe herrscht«, beschied er.

»Geht klar«, sagte ich und schüttelte mir den Sand aus den Wimpern. Bevor ich nicht Kaffee und Korn in mir spüre, bin ich wehrlos. Und mit Korn meine ich Müsli. Starkalkohol auf nüchternen Magen gibt es bei uns traditionell nur zu hohen Feiertagen. Und mit hohen Feiertagen meine ich Samstage.

Wir zogen also aufs Land und ich hoffte, dass dort alles besser, vor allen Dingen ruhiger würde. Wie naiv von mir. Ich hätte doch aus zahllosen amerikanischen Filmen, in denen die gestresste New Yorker Familie nach Pastellfarbenhausen zieht, wissen müssen, dass dort hinter schönen Fassaden das Grauen lauert.

In unserem neuen Domizil spukt es zwar nicht und die

Bewohner sind keine Roboter, ich habe nachgesehen. Dass sie alle die gleichen Klamotten und Frisuren tragen und die Gespräche recht vorhersehbar sind, liegt nicht daran, dass sie durch Maschinen ausgetauscht wurden. Eine Maschine hätte womöglich ein interessanteres Innenleben. Aber vielleicht haben meine neuen Nachbarn ja einfach keine Zeit für Kunst, Kultur und Politik oder was sonst an geistigem Hintergrund förderlich ist, um ein Gespräch zu führen, das über den Dialog: »Jetzt wollen die schon wieder Regen bringen!« – »Ja, da kann man schon langsam das Winterjäckchen rausholen ...« hinausgeht, weil sie zu beschäftigt damit sind, Krach zu machen: Laub blasen, Hecken scheren, Alufelgen abschleifen, blöde laute Bumm-bumm-Musik beim Grillfest hören und während all dem den SUV-Motor in der Einfahrt laufen lassen. Es gibt immer etwas Geräuschvolles zu tun. Und es besteht keine Hoffnung auf Besserung. Wenn wir eines Tages alle nur noch leise E-Autos fahren, hat bestimmt jemand eine Ladestation erfunden, die Bumm-bumm-Musik spielt und lauthals alle zehn Minuten den Akku-Stand in die Landschaft kräht, damit das Laden zum Event wird.

Meiner Erfahrung nach ist es gar nicht gut, positiv und hoffnungsvoll durchs Leben zu gehen. Wer nichts erwartet, wird auch nicht enttäuscht. Auf ein besseres Leben, einen Parkplatz in Wohnungsnähe, einen Lottogewinn, Ruhe oder die große Liebe zu hoffen, bedeutet doch auch, dass man ständig in Wartestellung ist, anstatt sich abzufinden und mit dem Leben Frieden zu schließen. Wieso nicht bei dem Kerl bleiben, der einem aus Versehen passiert oder irgendwann mal zugelaufen ist, mit dem Fahrrad zur Arbeit fahren und für das Geld, das man all die Jahre nicht für Lottoscheine ausgegeben hat, Kopfhörer mit Noise-Cancelling kaufen?

Nicht auf Besseres zu hoffen, heißt auch, das zu genießen, was man hat. Im Laufe des Lebens wird das ja immer weniger. Deshalb hatte meine Schwiegermutter allen Grund zu sagen: »Schlimm.« Hätte ich dieser alten kranken Frau sagen sollen: »Du darfst die Hoffnung nicht aufgeben«? – Doch, das durfte sie. Meine Schwiegermutter, die am Ende nur noch siebenunddreißig Kilo wog, hatte in meinen Augen die offizielle Lizenz, zu jammern und jede Hoffnung fahren zu lassen.

Wieso sollte die Hoffnung als Letzte sterben? Nach wem? Nein, wir sollten die Hoffnung als Erste killen. Damit wir genießen, was wir jetzt haben, und besser mit dem klarkommen, was noch kommt.

Danke

Liebe Lesende,

weil ich selbst immer ein bisschen traurig bin, wenn ich auf der letzten Seite eines Buchs ankomme (und ich hoffe natürlich, Ihnen geht es genauso), habe ich mir gedacht, ich lasse diese kleine feine Textsammlung ausklingen wie ein Lied, bei dem am Ende ausgeblendet wird. Sie können dann selbst entscheiden, wann Sie aufhören möchten. Genauso wie ihr entscheiden könnt, ob ihr es merkwürdig findet, dass ich euch in den Texten mal duze und ein anderes Mal sieze. Obwohl mein lieber Verleger Volker Surmann davon schlimmes Bauchweh bekommt, hat er mir durchgehen lassen, dass ich wechsle, je nachdem, ob ich Sie förmlich ansprechen oder euch kumpelhaft auf meine Seite ziehen will. Dafür bin ich ihm dankbar. Wahrscheinlich wäre euch das gar nicht aufgefallen, oder doch? Manche von Ihnen sehe ich jetzt vor meinem inneren Auge mit dem Kopf nicken. Andere fragen sich vielleicht, warum ich das überhaupt erwähne.

Nun, ich versuche damit, per Holzhammer-Methode darauf hinzuweisen, dass Schreiben eine Kommunikation auf Distanz ist, und zwar sowohl räumlich als auch zeitlich. Wie schön, dass es da jetzt eine Möglichkeit gibt, direkt mit mir in Kontakt zu treten, ja sogar Einblick in die Schreibwerkstatt zu bekommen. *Patreon* heißt die Plattform, auf der man Mitglied werden kann für einen beliebigen Betrag. Dafür bekommt man lebenslang freien Eintritt zu meinen Shows, den Podcast »Drückste mal record?« und allerlei mehr Content, den ich nicht mehr bereit bin, gratis auf Social Media zur Verfügung zu stellen. Ich investiere lieber in mein eigenes Business als in das von Herrn Zuckerberg. Und ihr könnt das auch tun. Es ist eine Art modernes Mäzenatentum. Ihr könnt mein König Ludwig II. sein und ich eure Wagnerine. In Zeiten, in denen man alles umsonst im Internet haben kann, sind Menschen wie ihr, die Geld für Bücher ausgeben, wahre Schätze und ich danke euch aus tiefstem Herzen dafür. Schon jetzt kann KI meine Bücher so umformulieren, dass sie als eigenes Werk durchgehen, und schon bald werde ich als Künstlerin überflüssig werden. Deswegen ist für mich der Kontakt zu meinem Publikum so wichtig. Wenn Kunst von Maschinen kommt, ist sie tote Kunst.

Dieses Buch, wie jede Kunst, wäre nicht entstanden ohne die Künstler*innen, die vor mir da waren. Denn Kunst lebt von Interaktion zwischen Menschen, über Raum und Zeit hinweg. Danke, Ruth, du Großzügige, Großherzige, Großartige! Danke, Horst; bist 'n Kumpel. Danke, Martin Rosengarten und Manfred Binder: Kritiker, Zuhörer, Gefechtsmänner, Felsen in der Brandl. Der letzte Kalauer war ein bisschen geschmacklos, zugegeben. Aber vielleicht haben Sie ja Glück und haben gar nicht bis hierhin gelesen. Wenn doch, vermerke ich hier gern mein Patreon-Profil: ***www.patreon.com/martinabrandl*** und schließe mit dem Satz, den ich mir vor langer Zeit als Grabinschrift ausgedacht habe:

»Im Wesentlichen war's das von mir.«

Martina Brandl